Antonio Wanceulen Ferrer
Miguel Valenzuela Lozano
Antonio Wanceulen Moreno
José Francisco Wanceulen Moreno

FÚTBOL FORMATIVO: ASPECTOS METODOLÓGICOS

WANCEULEN
EDITORIAL DEPORTIVA

Título:	FÚTBOL FORMATIVO : ASPECTOS METODOLÓGICOS
Autores:	Antonio Wanceulen Ferrer, Miguel Valenzuela Lozano, Antonio Wanceulen Moreno, José Francisco Wanceulen Moreno.
Diseño de cubierta:	Fernando G. Mancha
Editorial:	WANCEULEN EDITORIAL DEPORTIVA, S.L.
	C/ Cristo del Desamparo y Abandono, 56 41006 SEVILLA
	Tlfs 954656661 y 954921511 - Fax: 954921059
	www.wanceulen.com infoeditorial@wanceulen.com
I.S.B.N.:	978-84-9823-830-3
Dep. Legal:	
©Copyright:	WANCEULEN EDITORIAL DEPORTIVA, S.L.
Primera Edición:	Año 2011
Impreso en España:Publidisa	

Reservados todos los derechos. Queda prohibido reproducir, almacenar en sistemas de recuperación de la información y transmitir parte alguna de esta publicación, cualquiera que sea el medio empleado (electrónico, mecánico, fotocopia, impresión, grabación, etc), sin el permiso de los titulares de los derechos de propiedad intelectual. Cualquier forma de reproducción, distribución, comunicación pública o transformación de esta obra solo puede ser realizada con la autorización de sus titulares, salvo excepción prevista por la ley. Diríjase a CEDRO (Centro Español de Derechos Reprográficos, www.cedro.org) si necesita fotocopiar o escanear algún fragmento de esta obra.

AGRADECIMIENTOS

- A Juán Expósito Bautista,
Capítulo 3-Características generales de los jóvenes futbolistas y bases para planificar y programar el entrenamiento.

- A Pilar Sainz de Baranda Andújar, Luis Llopis Portugal y Enrique Ortega Toro,
Capítulo 5-Metodología del entrenamiento. El proceso enseñanza/aprendizaje bajo un modelo comprensivo

- A Salva Cambray Castillo y Joel Jové Martí,
Capítulo 6-Planificación de los ciclos de entrenamiento a través del modelo ATR

Nuestro agradecimiento a todos los referidos Autores, por su desinteresada colaboración y por aportarnos algunas de sus experiencias en cuanto a formación de futbolistas, las cuales van debidamente referenciadas en el capítulo correspondiente.

Los Autores

ÍNDICE

INTRODUCCIÓN 11

CAPÍTULO 1. OBJETIVOS PARA CADA ETAPA COMO REFERENCIA DE LA ACCIÓN FORMATIVA 13
1.1. Etapas formativas y categorías 13
1.2. Objetivos generales y objetivos específicos en el Fútbol Formativo .. 13
1.3. Resumen de objetivos generales 14
1.4. Resumen abreviado de objetivos para cada nivel 14

CAPÍTULO 2. CONTENIDOS PARA CADA ETAPA Y PARA CADA CATEGORÍA 17
2.1. Los contenidos como medio para lograr los objetivos 17
2.2. Resumen de contenidos según materia y edad del joven futbolista 18
    2.2.1. Técnica 18
    2.2.2. Táctica 19
    2.2.3. Preparación Física 21
    2.2.4. Factores psicológicos 24
    2.2.5. El fútbol como medio socializador 24
    2.2.6. Contenidos socializadores 26
    2.2.7. Cuadro-Resumen de contenidos socializadores ... 27
    2.2.8. Contenidos reglamentarios 28
    2.2.9. Contenidos de salud 30

CAPÍTULO 3. CARACTERÍSTICAS GENERALES DE LOS JÓVENES FUTBOLISTAS Y BASES PARA PLANIFICAR Y PROGRAMAR EL ENTRENAMIENTO. 33
3.1. Características generales de los jóvenes futbolistas 33
    3.1.1. Pre-benjamines 33
    3.1.2. Benjamines 35
    3.1.3. Alevines 36
    3.1.4. Infantiles 37
    3.1.5. Cadetes 39
    3.1.6. Juveniles 40
3.2. Planificación y programación: conceptos 41
    3.2.1. Definición de términos 41
    3.2.2. Planificar 41
    3.2.3. Programar 44
    3.2.4. ¿Planificamos o programamos en fútbol base? ... 44

CAPÍTULO 4. METODOLOGÍA. COMO ENSEÑAR EL FÚTBOL
Metodología global y su aplicación al proceso enseñanza/aprendizaje de la Técnica y la Táctica del fútbol 49
- 4.1. Introducción 49
- 4.2. Clarificación de conceptos 49
  - 4.2.1. Definiciones 49
  - 4.2.2. Estrategia en la práctica aplicable al aprendizaje de la Técnica y la Táctica de Fútbol 50
- 4.3. Argumentos a favor y en contra de los distintos medios 52
- 4.4. El fútbol como habilidad abierta 54
- 4.5. Edad y maduración para el aprendizaje 55
- 4.6. Bases para el proceso de enseñanza/aprendizaje de gestos técnico-tácticos y conductas táctico-técnicas del fútbol 56
- 4.7. Prácticas con oponentes y compañeros 59
- 4.8. Observaciones basadas en el trabajo práctico 60
- 4.9. Orientaciones metodológicas 64

CAPÍTULO 5. METODOLOGÍA DEL ENTRENAMIENTO.
El proceso de enseñanza/aprendizaje bajo un modelo comprensivo 67
- 5.1. Consideraciones previas... 67
- 5.2. Iniciación deportiva basada en la técnica 68
- 5.3. Iniciación deportiva basada en la táctica 71
- 5.4. El proceso de enseñanza/aprendizaje bajo un modelo comprensivo 75
- 5.5. Fases para llevar a cabo el proceso de enseñanza/aprendizaje bajo la perspectiva constructivista 77
- 5.6. Principios metodológicos para un adecuado diseño de tareas Iniciación Deportiva 82

CAPÍTULO 6. PLANIFICACIÓN DE LOS CICLOS DE ENTRENAMIENTO A TRAVÉS DEL MODELO ATR 97
- 6.1. Modelo de planificación a utilizar....................................... 97
- 6.2. Elementos de la planificación 100
- 6.3. Macrociclos: estructura de carga, ubicación temporal y contenidos 100
- 6.4. Mesociclos: estructura de carga, ubicación temporal y contenidos ..102
- 6.5. Microciclos: estructura de carga, ubicación temporal y contenidos .107
- 6.6. Principios metodológicos a considerar 110
- 6.7. Gráfica Resumen.. 112
- 6.8. Orientaciones para la planificación de los contenidos técnico-tácticos de entrenamiento 113
  - 6.8.1. Sistema de juego 113

  6.8.2. Organización del equipo y forma de jugar 114
  6.8.3. Automatismos 116
  6.8.4. Jugadas de estrategia 117
  6.8.5. Preparación específica del portero 119

CAPÍTULO 7. ESTRUCTURACIÓN METODOLÓGICA DE LA SESIÓN DE ENTRENAMIENTO EN FÚTBOL BASE 121
7.1. Propuesta actual 121
7.2. Metodología global y analítica 121
7.3. Integración e interrelación de los factores entrenables 122
7.4. Desarrollo de la estructura metodológica propuesta 123
7.5. Objetivos específicos 123
7.6. Esquema de la estructura 124
7.7. Ficha práctica 125

CAPÍTULO 8 . EVALUACIÓN 127
8.1. Definición 127
8.2. Importancia de la Evaluación en el Fútbol Formativo 128
8.3. Ámbitos a evaluar 129
8.4. Bases para la evaluación a realizar en el Fútbol Formativo 130
8.5. La evaluación del entrenador 132
8.6. La evaluación del proceso 132
  8.6.1. Evaluación del proceso de entrenamiento 132
  8.6.2. Evaluación de la acción didáctica 135

CAPÍTULO 9. DESARROLLO SOCIAL Y EDUCACIÓN EN VALORES EN EL JOVEN FUTBOLISTA 139
9.1. Desarrollo social 139
  9.1.1. Introducción 139
  9.1.2. Conocimiento social del niño 139
  9.1.3. La socialización del joven futbolista 141
9.2. La educación en valores a través del deporte 141
  9.2.1. El deporte y la educación en valores 142
  9.2.2. Educación en valores y educación para la no violencia 142
  9.2.3. Objetivos 142
  9.2.4. Contenidos 143
  9.2.5. Modelos para el desarrollo de valores 143

BIBLIOGRAFÍA 147

INTRODUCCIÓN

El presente trabajo, pretende acercar a la labor cotidiana de formación de jóvenes futbolistas, ciertos conceptos que consideramos aplicables a dicho proceso.

Partimos de la idea de que no es objetivo de la presente obra, el aportar un profundo estudio de tan específicos conceptos, que por otra parte, ya han sido suficientemente analizados en obras de destacados autores.

También, es muy posible que existan determinados Clubs en los que se esté realizando ya un trabajo de formación de futbolistas bajo criterios metodológicos bien fundamentados, pero estimamos que esta favorable aplicación no es dominante.

De acuerdo con lo expuesto, consideramos que queda espacio para crear una inquietud más generalizada en los distintos niveles de ese fútbol formativo, en relación a conocer mejor los distintos aspectos metodológicos que pueden ser aplicables en el proceso. Nuestra intención de fomentar esa inquietud de profundización en estas materias, nos ha llevado a incluir conceptos muy concretos, pero vinculándolos al trabajo diario de entrenamiento, competición y resto de actividades formativas.

En concreto, procuramos la búsqueda de una coherencia interna entre los pilares básicos de todo proceso formativo:

Objetivos – Contenidos – Metodología - Evaluación.

OBJETIVOS

Se han redactado objetivos para cada etapa, de forma esquemática y manejable, como referencia de esta específica función formativa.

CONTENIDOS

Para conseguir los objetivos marcados en el proceso formativo, se incluye una propuesta de Bloques de Contenido, aplicables al fútbol, en sus distintas etapas.

Los contenidos se presentan relacionando las distintas materias y la edad y aparte de los Bloques clásicos en fútbol (Técnica, Táctica, Preparación física, Preparación psicológica, etc.), se diferencian contenidos de salud y contenidos reglamentarios.

CARACTERÍSTICAS GENERALES DE LOS JÓVENES FUTBOLISTAS

Como un medio mas para fundamentar el proceso, se hace un pormenorizado análisis de las características de los jóvenes de estas etapas, desarrollado por categorías, edades, y en relación a los distintos aspectos: cognitivos, corporales, afectivos y actitudinales.

PLANIFICAR Y PROGRAMAR

Se analizan estos dos conceptos en relación con el fútbol base.

METODOLOGÍA

Se incluyen dos análisis:

a) Como enseñar el fútbol, desde las formas global y analítica

b) Metodología del entrenamiento, que incluye:
- Iniciación deportiva basada en la técnica
- Iniciación deportiva basada en la táctica
- El proceso enseñanza/aprendizaje bajo un modelo comprensivo
- Fases para llevar a cabo el proceso bajo la perspectiva constructivista

PLANIFICACIÓN DE LOS CICLOS DE ENTRENAMIENTO

También la planificación del fútbol formativo necesita referenciarse. Para ello, se ha incluido una planificación de los ciclos de entrenamiento a través del modelo ATR.

Finalmente, diremos que completan la obra:

- Estudio metodológico de la sesión de entrenamiento en fútbol base.
- La evaluación en el fútbol formativo, para concretar desde donde partimos, por donde vamos y si hemos llegado o no a nuestro destino.
- Un breve análisis sobre el desarrollo social y la educación en valores en el joven futbolista.

Capítulo 1

OBJETIVOS PARA CADA ETAPA, COMO REFERENCIA DE LA ACCIÓN FORMATIVA

1.1. ETAPAS FORMATIVAS Y CATEGORÍAS

ORGANIZACIÓN DEL FÚTBOL FORMATIVO	
ETAPAS	CATEGORÍAS
INICIACIÓN	- Pre-Benjamín - Benjamín B - 1er año - Benjamín A - 2º año - Alevín 7 - B - 1er. año - Alevín 7 - A - 2º año
DESARROLLO	- Infantil A - 1º año - Infantil B - 2º año
PERFECCIONA-MIENTO	- Cadete B - 1º año - Cadete A - 2º año - Juvenil C - 1º año - Juvenil B - 2º año
ALTO RENDIMIENTO	- Juvenil A - 3º año - Tercer equipo senior - Segundo equipo senior
CULMINACIÓN DEL PROCESO FORMATIVO	- Incorporación a la plantilla del primer equipo - Cesión a otros equipos

1.2. OBJETIVOS GENERALES Y OBJETIVOS ESPECÍFICOS, EN EL FÚTBOL FORMATIVO

Consideramos que, también en los Clubs de élite, el Fútbol Formativo, el Fútbol de Cantera, debiera tener como referencia el Currículo que las Instituciones educativas estimen para cada edad.

La definición de Currículo que hace la Ley Orgánica de la Educación (BOE Nº 106/2006), es la siguiente:

"Es el conjunto de objetivos, competencias básicas, contenidos, métodos pedagógicos y criterios de evaluación de cada una de las enseñanzas reguladas en la presente Ley".

Entendiendo como objetivo, la finalidad educativa que pretendemos lograr durante el proceso de nuestro fútbol formativo, definimos:

- Objetivos generales, que son el primer nivel de concreción y que se aplicarán a todas las categorías.
- Objetivos específicos, que son el segundo nivel de concreción y que se redactarán de forma específica para cada categoría.

1.3. RESUMEN DE OBJETIVOS GENERALES

Con relación a los objetivos generales, incluimos a continuación la propuesta de De León Arpón, Miguel (2005):

Lo importante es que desde cada club o entidad deportiva se reflexione y determine los objetivos que sus jugadores deberían alcanzar. Un ejemplo podría ser el siguiente:

1. *Dominar las habilidades técnicas y los principios tácticos, independientemente de la variedad de situaciones de juego ofensivas y defensivas, asentando las bases para su aplicación creativa.*

2. *Mejorar de forma armónica y compensada sus cualidades físicas, entendiendo su desarrollo como parte inherente a su evolución futbolística, minimizando la aparición de lesiones y patologías deportivas.*

3. *Incrementar de manera progresiva su capacidad de atención, la rapidez en la discriminación perceptiva y la concentración e interpretación de la situación de juego, decidiendo y ejecutando la opción más eficaz para el equipo en cada momento del juego.*

4. *Comprender las características del juego en su vertiente normativa, técnica, táctica, psicológica, sociológica y física.*

5. *Desarrollar las bases que permitan al jugador incorporarse a etapas competitivas de mayor complejidad, reconociendo en la autoexigencia, el esfuerzo personal, la capacidad autocrítica y el trabajo en equipo, actitudes fundamentales para conseguirlo.*

6. *Estabilizar los hábitos higiénicos en la práctica del fútbol, considerando imprescindibles aspectos como el calentamiento, ejercicios compensatorios, aseo personal, utilización del material adecuado, etc.*

7. *Saber los efectos perjudiciales que para su salud y rendimiento deportivo tienen ciertos hábitos, como: consumo de drogas, consumo de alcohol, alimentación desequilibrada, escasas horas de sueño, etc. ...*

> ...No se trata únicamente de que el jugador adquiera unas habilidades técnicas y tácticas, de que desarrolle su condición física y que mejore su capacidad de concentración, etc. El jugador debe saber qué es lo que se hace, para qué sirve, cómo se debe hacer, cuándo realizar este o aquel ejercicio, etc. Además de mejorar el aprendizaje cuantitativamente (el jugador aprende más, alcanza más objetivos) también se logran mejoras cualitativas. El jugador se implica en el proceso, aprende a aprender, a entrenar, alcanzando de manera progresiva cuotas de mayor independencia y capacidad crítica. Esto, a su vez, exigirá a los técnicos una continua actualización de sus conocimientos y estrategias de entrenamiento. ...

Es decir, formar al futbolista pero favoreciendo su formación académica, integral, como hombre.

1.4. RESUMEN ABREVIADO DE OBJETIVOS PARA CADA NIVEL

Según lo expresado por Wanceulen Moreno, Antonio (2008), formamos a continuación un resumen abreviado de objetivos para cada nivel:

ETAPA DE INICIACIÓN (Pre-Benjamín, Benjamín y Alevín)	
OBJETIVOS GENERALES	• APRENDIZAJE de los fundamentos y acciones esenciales y generales del juego.
OBJETIVOS ESPECÍFICOS	• Formación integral y global del joven. • Desarrollo de los mecanismos perceptivos de toma de decisión y de ejecución. • Desarrollo de la creatividad. • Fijación de los esquemas perceptivos de la técnica individual. • Mejora de la Educación Física de Base como fundamento para armonizar su desarrollo psicomotor.
ETAPA DE DESARROLLO (Infantil)	
OBJETIVOS GENERALES	• DESARROLLO de los fundamentos y acciones específicas del juego.
OBJETIVOS ESPECÍFICOS	• Inicio a la formación especializada del joven futbolista. • Mejora de las acciones técnico-tácticas en función al estilo de juego y sistemas más esenciales. • Favorecer el desarrollo de las cualidades motrices para beneficiar la progresión del aprendizaje técnico.

ETAPA DE PERFECCIONAMIENTO (Cadetes y Juveniles 1º y 2º año)	
OBJETIVOS GENERALES	• DESARROLLO de los fundamentos y acciones específicas del juego.
OBJETIVOS ESPECÍFICOS	• Formación especializada del joven futbolista. • Lograr un elevado nivel de ejecución de las misiones específicas que debe dominar el jugador en su demarcación. • Iniciación a sistemas tácticos complejos. • Perfeccionar las acciones técnico-tácticas en función a los sistemas trabajados. • Predominio del trabajo físico general e inicio en el segundo año cadete de la preparación física específica
ETAPA DE RENDIMIENTO (juveniles de 3º año y seniors)	
OBJETIVOS GENERALES	• Lograr la máxima eficacia en las acciones que el futbolista debe dominar en la Competición. • Período de culminación del proceso.
OBJETIVOS ESPECÍFICOS	• Formación específica del jugador. • Lograr del máximo nivel de ejecución en sus acciones. • Perfeccionamiento sistemas tácticos usuales y complejos. • Perfeccionar las acciones técnico-tácticas en función a los sistemas trabajados. • Desarrollo final del trabajo físico específico progresivamente en los tres años de la categoría juvenil, alcanzando valores cercanos al máximo y finalmente, valores máximos.

CULMINACIÓN DEL PROCESO FORMATIVO El trabajo formativo sobre todos los factores de rendimiento, alcanza su nivel máximo
1 – Selección final hacia el primer equipo profesional 2 – Selección hacia el segundo equipo 3 – Selección para cesión a otros equipos

Capítulo 2

CONTENIDOS PARA CADA ETAPA Y PARA CADA CATEGORÍA

2.1. LOS CONTENIDOS COMO MEDIO PARA LOGRAR LOS OBJETIVOS

No es objeto de la presente obra, la redacción de un programa desarrollada de los contenidos a aplicar en cada categoría y para cada materia. Pretendemos, solamente, citar bases y referencias para dicha programación.

Los objetivos marcados se logran a través de los contenidos, debidamente secuenciados para proporcionar al joven la formación pretendida. En cada Club, los profesionales del Fútbol Formativo, de la Cantera, personalizarán la programación a aplicar en todos sus aspectos: Objetivos-Contenidos-Metodología-Evaluación...

Por ello, se incluyen a continuación, de forma esquemática nuestra propuesta de Bloques de Contenido aplicables al Fútbol Formativo:

1. Técnica
2. Táctica
3. Estrategia (jugadas a balón parado)
4. Preparación Física
5. Factores Psicológicos
6. Desarrollo cognitivo
7. Desarrollo social del joven futbolista

Además, nos parece de interés, que en dichos bloques de contenidos se desarrollen, de forma adecuada para cada edad, los siguientes aspectos formativos:

- Salud: Higiene-Alimentación-Prevención de lesiones y enfermedades, etc.
- Reglamento para las dos modalidades: Fútbol-7 y Fútbol-11.
- Valores Educativos en el deporte.
- Normativas internas que orienten el desarrollo social del joven, desde el plano deportivo.

2.2. RESUMEN DE CONTENIDOS SEGÚN MATERIA Y EDAD DEL JOVEN FUTBOLISTA

Los cuadros 1-TÉCNICA, 2-TÁCTICA, 3-PREPARACIÓN FÍSICA y 4-FACTORES PSICOLÓGICOS, contienen una propuesta esquemática de contenidos aplicables según materia y edad, redactados según lo expresado por Wanceulen Moreno, Antonio y José Francisco(2008):

2.2.1. TÉCNICA

TÉCNICA: CONTENIDOS	NIVEL: Benjamín. EDAD: 8-9 años

- El Control: Parada, semi-parada y amortiguamientos.
- El Golpeo: Ambos pies.
- Habilidad: Estática (Suelo y aire).
- Pases: Cortos y Medios.
- Conducciones: Cambios de dirección, cambios de sentido, con giro, conducción circular y con distintas superficies.
- Iniciación al Tiro: Distintas Superficies, insistir en tiro estático e introducir poco a poco en movimiento (Control+Tiro; Conducción+ Tiro).
- Familiarización con el Regate y la Finta.
- Acciones Técnicas Combinadas.

TÉCNICA: CONTENIDOS	NIVEL: Alevín. EDAD: 10-11 años

- Las acciones técnicas del nivel anterior.
- Controles Orientados.
- El Golpeo: Ambos pies (dificultando la acción)
- Habilidad dinámica y Estática (En el suelo y en aire y con distintas superficies de contacto).
- Pases: Cortos, Medios y Largos.
- Inicio al Cabeceo.
- Conducción: Con obstáculos, con adversarios y con ambas piernas.
- Tiro: Parado y Movimiento; Ambos pies y cabeza; Precisión y Potencia; con acción previa (regate + tiro, pase + tiro).
- Regates: Simples y compuestos.
- Paredes: Simples y Compuestas.
- Introducción a las técnicas defensivas. (Interceptación y Despeje).
- Combinaciones Técnico-Tácticas simplificadas.

TÉCNICA: CONTENIDOS	**NIVEL: Infantil EDAD: 12-13 años**

- Las acciones técnicas del nivel anterior.
- Controles: Se insiste en los anteriores y se intenta hacer mayor hincapié que en los niveles anteriores en controles de mayor dificultad (altos y a media altura).
- Mejora del cabeceo (con carrera previa, con salto, con oposición, prolongaciones, etc.)
- Conducción: Trabajarla introduciendo conjuntamente el Relevo Técnico.
- La técnica en la Estrategia.
- Paredes: Doble pared y paredes múltiples.
- Técnicas defensivas: Entrada, Anticipación y Despejes Orientados.
- Gran porcentaje de trabajo dedicado a las Combinaciones Técnico-Tácticas.

TÉCNICA: CONTENIDOS	**NIVEL: Cadete EDAD: 14-15 años**

- Las acciones técnicas del nivel anterior, dificultando la ejecución con mayor oposición.
- Combinaciones técnico-tácticas sin oposición y con oposición.
- Mayor porcentaje de entrenamiento integrado.
- Entrenamiento específico por puestos y por líneas.

TÉCNICA: CONTENIDOS	**NIVEL: Juvenil EDAD: 16, 17 y 18 años**

- El mismo tipo de trabajo que en la categoría cadete.
- La diferencia fundamental estribará en que se dispondrá de más tiempo para los factores físicos y tácticos y menos para el técnico.

2.2.2. TÁCTICA

TÁCTICA: CONTENIDOS	**NIVEL: Benjamín. EDAD: 8-9 años**

- Concepto de "Ataque".
- Concepto de "Defensa".
- Posicionamiento.
- Sistemas: 1-3-1-2; 1-3-1-1-1; 1-3-2-1.
- (Cercanos al ideal 1-3-3 para establecer un reparto proporcional del espacio).

| TÁCTICA: CONTENIDOS | NIVEL: Alevín. EDAD: 10-11 años |

- Seguir educando el sentido posicional y Funciones básicas por puestos.
- Sistemas fútbol-7: Los mismos que en etapa anterior.
- Sistemas Fútbol-11: El 1-4-4-2, (ya que es el que establece un mejor reparto proporcional del espacio para las dimensiones del terreno de juego).
- Principios Ofensivos: Desmarques, Ataques, Contraataques y Creación de espacios libres; Amplitud y Profundidad en el juego.
- Principios Defensivos: Marcajes y Repliegues; Desplazamientos Defensivos (Como base y fundamento de cobertura, permuta y basculaciones);
- Establecer diferencias entre Marcaje y Vigilancia (según situación del adversario)
- Estructura básica del juego: DEFENDER-CREAR-ATACAR.
- Ensayos estratégicos simplificados.

| TÁCTICA: CONTENIDOS | NIVEL: Infantil EDAD: 12-13 años |

- Aplicación específica de los sistemas de juego más usuales, aunque se sigue tomando como sistema fundamental el 1-4-4-2.
- Principios Ofensivos: Se añaden a los anteriores las Paredes y Cambios de Orientación.
- Principios Defensivos: Se añaden a los anteriores las Coberturas y Permutas (acciones de ayuda en defensa); Basculaciones Defensivas; Uso del Fuera de Juego de forma puntual y sólo como toma de decisión individual por un jugador ante una situación dada.
- Inicio del Entrenamiento de la Estrategia, aplicable a fútbol-11.

| TÁCTICA: CONTENIDOS | NIVEL: Cadete EDAD: 14-15 años |

- Prevalece el uso fundamental del Sistema 1-4-4-2.
- Iniciación a sistemas tácticos complejos.
- Los Principios Ofensivos y Defensivos pasan a trabajarse todos en ésta fase.
- Acentuación adecuada (no excesiva) de la disciplina posicional y de la aportación individual al aspecto grupal.
- La aplicación del fuera de Juego se puede realizar de forma más regular.
- Mayor especialización en el Entrenamiento de la Estrategia.

TÁCTICA: CONTENIDOS	NIVEL: Juvenil EDAD: 16, 17 y 18 años

- Aplicación sin límites de sistemas y esquemas tácticos complejos.
- Perfeccionamiento de todos los principios tácticos ofensivos y defensivos.
- Defensa en Línea horizontal y diagonal.
- Consolidar el medio táctico del Fuera de Juego, tanto desde la perspectiva ofensiva como defensiva, para su utilización cuando fuese necesario.
- Perfeccionamiento de las Estrategias.
- Perfeccionamiento de la ORGANIZACIÓN DEL JUEGO a nivel de futbolista de élite.

2.2.3. PREPARACIÓN FÍSICA

EDUC.FÍSICA/PREP.FÍSICA: CONTENIDOS	NIVEL: Benjamín. EDAD: 8-9 años

- Iniciación a la resistencia aeróbica
- Iniciación a la velocidad de reacción, gestual, y de desplazamiento (frecuencia de zancada)
- Iniciación a la fuerza (A.F. General) (Autocargas, Luchas, Tracciones, empujes y arrastres)
- Iniciación de la flexibilidad
- Aplicación a través de Formas Jugadas
- Aplicación de Actividades Polideportivas
- Iniciación de la Agilidad
- Desarrollo de la Coordinación D. General, Segmentaria, Visomotora y Equilibrio.
- Desarrollo de las Habilidades Perceptivas.

EDUC.FÍSICA/PREP.FÍSICA: CONTENIDOS	NIVEL: Alevín. EDAD: 10-11 años

- Actividades de calentamiento para los distintos grupos articulares y musculares. Activación cardiovascular y pulmonar.
- Desarrollo de resistencia aeróbica
- Desarrollo de velocidad de reacción, gestual, y de desplazamiento (frecuencia de zancada)
- Iniciación a la Técnica de Carrera.
- Desarrollo de fuerza resistencia –abdominal, dorso-lumbar, tren superior, e inferior-
- Desarrollo de la flexibilidad
- Desarrollo de agilidad.
- Desarrollo de la Coordinación D.General, Segmentaria, Visomotora y Re-Equilibrio: En Calentamiento y asociado con la Técnica.
- Iniciación en el desarrollo de la fuerza explosiva (acento en posturas, apoyos y equilibrio segmentario)

EDUC.FÍSICA/PREP.FÍSICA: CONTENIDOS	NIVEL: Infantil EDAD: 12-13 años

- Mejora de la condición física y su interrelación con la técnica.
- Mejora de resistencia aeróbica, potencia aeróbica: Introducción Nuevos Sistemas Continuos
- Mejora de resistencia anaeróbica (iniciación)
- Mejora de fuerza-resistencia, fuerza-explosiva (iniciación): predominio Autocargas, Inicio Sobrecargas ligeras e Inicio multisaltos.
- Mejora de velocidad de reacción, velocidad de desplazamiento (frecuencia y amplitud de zancada)
- Desarrollo de la Técnica de Carrera
- Mejora de la flexibilidad
- Mejora de agilidad.
- Desarrollo de la Coordinación D.General, Segmentaria, Visomotora y Re-equilibrio: En Calentamiento y asociado con la Técnica.
- Progresión en la capacidad de entrenamiento. Participación activa, consciente, autoexigente y continuada en las sesiones: 4 semanales (incluida el partido oficial) de 100 -105 minutos de duración media con una intensidad media cercana al 80%.

EDUC.FÍSICA/PREP.FÍSICA: CONTENIDOS	NIVEL: Cadete EDAD: 14-15 años

- Dirección de diferentes tipos de calentamiento al resto del grupo.
- Potenciación de resistencia/potencia aeróbica.
- Potenciación de resistencia anaeróbica.
- Potenciación de resistencia a repetidos esfuerzos submáximos
- Potenciación de velocidad de reacción, velocidad gestual y velocidad de desplazamiento específica (frecuencia y amplitud de zancada). Con balón y sin balón.
- Mejora de la Técnica de Carrera.
- Potenciación de fuerza-explosiva, fuerza-resistencia
- Potenciación de flexibilidad.
- Potenciación de agilidad.
- Reeducación de la Coordinación y el Equilibrio.
- Potenciación de capacidad de recuperación de esfuerzos submáximos.
- Diseño y realización de ejercicios de entrenamiento basados en situaciones contextualizadas.
- Familiarización con el trabajo de sobrecargas (pesas): técnica correcta, precauciones, y orientaciones previas.
- La capacidad agonística en la realización de esfuerzos máximos, la recuperación responsable, la autoexigencia y determinación en la mejora de su condición física en el seno del equipo y a nivel individual.

EDUC.FÍSICA/PREP.FÍSICA: CONTENIDOS	NIVEL: Juvenil EDAD: 16, 17 y 18 años

- Dirección de diferentes tipos de calentamiento al resto del grupo.
- Potenciación y mantenimiento de resistencia/potencia aeróbica.
- Potenciación y mantenimiento de resistencia anaeróbica.
- Potenciación y mantenimiento de resistencia a repetidos esfuerzos submáximos.
- Potenciación y mantenimiento de velocidad de reacción, velocidad gestual y velocidad de desplazamiento específica (frecuencia y amplitud de zancada). con balón y sin balón.
- Mejora y Mantenimiento de la Técnica de Carrera.
- Potenciación y mantenimiento de fuerza-explosiva, fuerza-resistencia
- Potenciación y mantenimiento de flexibilidad.
- Potenciación y mantenimiento de agilidad.
- Desarrollo de la Coordinación D.General y Equilibrio: En Calentamiento y Asociado con la Técnica (Juveniles)
- Potenciación y mantenimiento de capacidad de recuperación de esfuerzos submáximos.

- Diseño y realización de ejercicios de entrenamiento basados en situaciones contextualizadas.
- Familiarización con el trabajo de sobrecargas (pesas): técnica correcta, precauciones, y orientaciones previas.
- La capacidad agonística en la realización de esfuerzos máximos, la recuperación responsable, la autoexigencia y determinación en la mejora de su condición física en el seno del equipo y a nivel individual.

2.2.4. FACTORES PSICOLÓGICOS

Desarrollo de los contenidos psicológicos en una progresión adecuada a cada edad, categoría y desarrollo evolutivo del joven futbolista

NIVEL	EDAD	CONTENIDOS
TODOS	8-18 AÑOS	- Creatividad. - Inteligencia Táctica: Comprensión de la lógica de juego. - Autoconfianza. - Predisposición al Esfuerzo. - Perseverancia. - Capacidad de Sacrificio. - Autoexigencia. - Disciplina. - Agresividad. - Valentía. - Decisión. - Control Emocional. - Resistencia al Fracaso. - Atención. - Concentración. - Anticipación. - Consejos y Técnicas Simples para afrontar la Competición. - Transmitir valores éticos en la Competición y fuera de ella. - Transmitir valores de apego al Club.

2.2.5. EL FÚTBOL COMO MEDIO SOCIALIZADOR

Practicar el fútbol en las edades de los jóvenes participantes en el Fútbol Formativo, puede favorecer de forma importante su proceso evolutivo, y consecuentemente, puede y debe incidir positivamente en el aspecto socializador.

Es conveniente aprovechar, en favor del joven futbolista la gran capacidad de la práctica del fútbol como medio socializador, promoviendo que los participantes interioricen valores prosociales. Por otra parte, hay que evitar los aspectos negativos que pueden concurrir en un mal orientado contexto de fútbol, evitando conductas agresivas y violentas, practicando el "competir para formar"(y no el "formar para competir").

El joven, en ciertas edades, rechaza actividades educativas que podrían ser muy útil a su proceso formativo. En cambio, el fútbol tiene una gran atracción hacia su práctica, sobre todo en Clubs bien organizados y conviene aprovechar esa capacidad de captación de deportistas, ofreciendo un proyecto formativo de intención integral, que incluya, entre otros, contextos favorecedores de sus conductas prosociales, de sus hábitos sociales, de sus procesos afectivos.

El proceso formativo del fútbol en las etapas de Cantera, bien orientado, es ya, en sí, un medio socializador. Los entrenadores, los jugadores, el Club y su personal, los jugadores del primer equipo como referencia para sus objetivos deportivos, etc. Todo ello, debe aportarse de forma positiva, en plano de colaboración e interacción con el núcleo principal del contexto para su formación integral: hogar, escuela, universidad, actividad laboral, amistades, etc., etc.

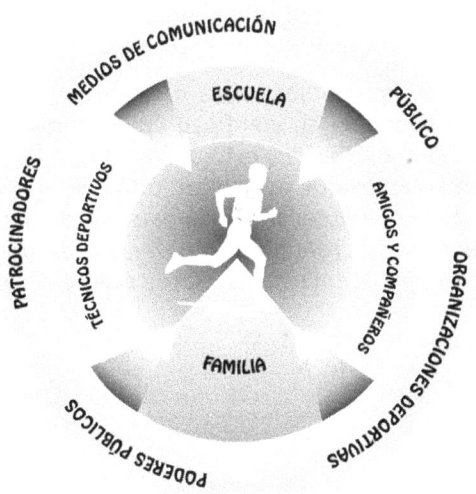

Principales agentes socializadores en el ámbito deportivo.
Fuente: Martos, Pilar y Castillo, Joaquina (en Torres, César e Iniesta, Jesús A. 2009)

2.2.6. CONTENIDOS SOCIALIZADORES

Martos, Pilar y Castillo, Joaquina (en Torres, César e Iniesta, Jesús A. – 2009), refiriéndose al proceso de socialización dicen:

Según Heinemann (1992), una persona apta para vivir en sociedad es aquella que ha desarrollado las cualidades siguientes: *conformidad normativa, identidad, autonomía individual* y *solidaridad*. Siguiendo a este autor, cumplir estos requisitos supone lo siguiente:

- **Conformidad normativa**: supone que han de aceptarse como justas y de modo espontáneo, las normas, valores y formas de comportamiento dominantes. Una persona que pone en entredicho tales aspectos tiene dificultades para interactuar con su entorno y, al mismo tiempo, se hace de difícil convivencia.

- **Identidad**: la conformidad normativa ha de estar en equilibrio con la propia individualidad. La persona ha de tener una identidad, lo que significa saber cuáles son sus ideas y deseos, ser capaz de reconocerse a sí misma (el "yo" individual) frente a su entorno (el "nosotros" colectivo).

- **Autonomía individual**: el sentimiento de identidad ha de ser lo suficientemente sólido como para que, en situaciones inciertas o de rechazo, la persona sea capaz de mantener sus criterios y comportamiento, y tan sólo modificarlos por propia convicción y no por miedo o como resultado de presiones externas.

- **Solidaridad**: una persona apta para vivir en sociedad, ha de ser capaz de combinar su identidad y autonomía individual con las obligaciones sociales respecto de los demás. La solidaridad puede ir desde acciones que armonizan totalmente con los propios valores y deseos, a otras en que la persona, de manera voluntaria y conscientemente, renuncia, en parte, a ellos, porque lo considera de interés para el colectivo social en que se desenvuelve.

2.2.7. CUADRO-RESUMEN DE CONTENIDOS SOCIALIZADORES

NIVEL	EDAD	CONTENIDOS	
Benjamín	8-9 Años	Desarrollo de los Contenidos en una Progresión adecuada a cada edad, categoría y desarrollo evolutivo del joven Futbolista	- Conductas prosociales, tales como: la solidaridad, la reciprocidad, la tolerancia, el bienestar común, la tolerancia, la cooperación, la ayuda, etc. - Habilidades sociales positivas (llevarse bien con otros, preocuparse por los demás, ponerse en el punto de vista del otro, etc.) - Hábitos sociales positivos (ser solidarios. comprender a los demás y cooperar con ellos, etc.), - Identidad - Integración - Interrelación con desarrollo afectivo y la competencia cognitiva. - Intimidad - La compasión y el interés por los otros - Laboriosidad
Alevín	10-11 años		- Procesos afectivos (como la empatía, el apego o la amistad) Los procesos afectivos de socialización : establecimiento de vínculos afectivos con las personas que forman parte de la vida de los niños (los padres, los hermanos, los amigos, los compañeros de clase, los profesores, etc.)
Infantil	12-13 años		- Procesos conductuales de socialización están relacionados con la adquisición de comportamientos socialmente deseables en el contexto sociocultural - Procesos mentales de socialización referidos a la sociedad (conocimiento de las normas y valores que rigen el funcionamiento de organismos e instituciones tales como familias, colegios, sindicatos, partidos políticos, parlamento, etc.)
Cadetes	14-15 años		- Procesos mentales de socialización referidos a personas (reconocimiento, identidad, roles, relaciones, etc.) Relacionarse con los demás Relaciones interpersonales Socialización
Juveniles	16 a 18 años		- Cooperar y trabajar con otros para lograr objetivos comunes - Saber ganar y saber perder. - Valorar el espíritu deportivo , atenerse a una adecuada disciplina y respetar las reglas de juego - Proyectar nuestra idea de éxitos en el fútbol, siempre a través de Juego limpio. Superando las Reglas, pero no vulnerándolas (UNICEF,2004)

Por otra parte, es interesante, analizar diferenciadamente, los contenidos aplicables a la formación de jóvenes futbolistas en cuanto a:
- Contenidos reglamentarios
- Contenidos de salud

2.2.8. CONTENIDOS REGLAMENTARIOS

			Jugador	Portero
PREBEN-JAMINES	MINI-FÚTBOL	-Vestimenta	-Botas -Espinilleras -Calcetas -Pantalón -Camiseta	-Botas -Espinilleras -Calcetas - Pantalón - Camiseta - Guantes -Rodilleras -Coderas
		-Elementos	- Porterías - Balón - Compañeros - Adversarios	
		-Objetivo	Meter gol -Con cualquier parte del cuerpo menos con la mano	Evitar gol -Con cualquier parte del cuerpo menos con la mano
BENJAMINES	FÚTBOL-7	-Vestimenta	Jugador -Botas -Espinilleras -Calcetas -Pantalón -Camiseta	Portero -Botas - Espinilleras -Calcetas - Pantalón -Camiseta - Guantes -Rodilleras -Coderas
		-Elemetos	-Porterías -Balón -Compañeros -Adversarios -Portero -Líneas del campo -Línea de fuera de juego	
		-Objetivo	Meter gol -Con cualquier parte del cuerpo menos con la mano No caer en el fuera de juego	Evitar gol -Con cualquier parte del cuerpo menos con la mano
ALEVINES	FÚTBOL-7	-Saques	-Saque desde centro del campo -Saque de banda -Saque de puerta -Saque de esquina -Falta -Penalti	
		-Fuera de juego	-Zona del terreno donde se produce. -Como se produce	

INFANTILES	FÚTBOL-11	-Saques	-Saque desde centro del campo -Saque de banda -Saque de puerta -Saque de esquina -Falta -Penalti	
		-Fuera de juego	-Zona del terreno donde se produce. -Como se produce	
CADETES	FÚTBOL-11	-Saques	-Saque desde centro del campo -Saque de banda -Saque de puerta -Saque de esquina -Falta -Penalti	Estrategia Estrategia
		-Fuera de juego	-Provocar el fuera de juego -Contrarrestar el fuera de juego	
JUVENILES	FÚTBOL-11	-Saques	-Saque desde centro del campo -Saque de banda -Saque de puerta -Saque de esquina -Falta -Penalti	Estrategia Estrategia
		-Fuera de juego	-Provocar el fuera de juego -Contrarrestar el fuera de juego	

Fuente: Expósito Bautista, Juan (2010)

2.2.9. CONTENIDOS DE SALUD

PREBEN-JAMINES	NORMAS BÁSICAS Y HABITUALES DE HIGIENE Y SALUD	-Antes de la actividad	-Cambiarse en el vestuario -Vestimenta necesaria para entrenar o jugar	
		-Durante la actividad	-Mantenerse hidratado	
		-Después de la actividad	-Ducharse y asearse	
BENJAMI-NES	NORMAS BÁSICAS Y HABITUALES DE HIGIENE Y SALUD	-Higiene personal	-Antes de la actividad	-Cambiarse en el vestuario -Vestimenta necesaria para entrenar o jugar
			-Durante la actividad	-Mantenerse hidratado -Mantener temperatura corporal
			-Después de la actividad	-Ducharse y asearse
		-Higiene postural	-En ejercicios y actividades -En desplazamientos	
		-Alimentación	-Dieta equilibrada -Hábitos alimenticios antes del partido	
ALEVINES	NORMAS BÁSICAS Y HABITUALES DE HIGIENE Y SALUD	-Higiene personal	-Antes de la actividad	-Cambiarse en el vestuario -Vestimenta necesaria para entrenar o jugar
			-Durante la actividad	-Calentamiento -Mantenerse hidratado -Mantener temperatura corporal
			-Después actividad	-Vuelta a la Calma -Ducharse y asearse
		-Higiene postural	-En ejercicios y actividades -En desplazamientos para partidos -Dormir horas necesarias	
		-Alimentación	-Dieta equilibrada -Hábitos alimenticios antes del partido -Hábitos alimenticios después del partido	
INFAN-TILES	NORMAS BÁSICAS Y HABITUALES DE HIGIENE Y SALUD	Higiene personal	-Antes de la actividad	-Cambiarse en el vestuario -Vestimenta necesaria para entrenar o jugar
			-Durante la actividad	-Calentamiento -Mantenerse hidratado -Mantener temperatura corporal
			-Después de la actividad	-Vuelta a la Calma -Ducharse y asearse

		Higiene postural	-En ejercicios y actividades -En desplazamientos para partidos -Dormir y descansar horas necesarias -Calzado adecuado según el terreno
		Alimentación	-Dieta equilibrada -Hábitos alimenticios antes del partido -Hábitos alimenticios después del partido
CADETES	NORMAS BÁSICAS Y HABITUALES DE HIGIENE Y SALUD	Higiene personal	-Antes de la actividad: -Cambiarse en el vestuario / -Vestimenta necesaria para entrenar o jugar -Durante la actividad: -Calentamiento / -Mantenerse hidratado / -Mantener temperatura corporal -Después de la actividad: -Vuelta a la Calma / -Ducharse y asearse
		Higiene postural	-En ejercicios y actividades -En desplazamientos para partidos -Dormir y descansar horas necesarias -Calzado adecuado según el terreno
		Alimentación	-Dieta equilibrada -Hábitos alimenticios antes del partido -Hábitos alimenticios después del partido
		Prevención de lesiones	-Masajes -Estiramientos -Movilidad articular
JUVENILES	NORMAS BÁSICAS Y HABITUALES DE HIGIENE Y SALUD	Higiene personal	-Antes de la actividad: -Cambiarse en el vestuario / -Vestimenta necesaria para entrenar/jugar -Durante la actividad: -Calentamiento / -Mantenerse hidratado / -Mantener temperatura corporal -Después de la actividad: -Vuelta a la Calma / -Ducharse y asearse
		Higiene postural	-En ejercicios y actividades -En desplazamientos para partidos -Dormir y descansar horas necesarias -Calzado adecuado según el terreno
		Alimentación	-Dieta equilibrada -Hábitos alimenticios antes del partido -Hábitos alimenticios después del partido
		Prevención de lesiones	-Masajes -Estiramientos -Movilidad articular

Fuente: Expósito Bautista, Juan (2010)

Capítulo 3

CARACTERÍSTICAS GENERALES DE LOS JÓVENES FUTBOLISTAS Y BASES PARA PLANIFICAR Y PROGRAMAR EL ENTRENAMIENTO

Como otro medio mas para fundamentar el proceso de formación, es necesario, un análisis de las características generales de los jóvenes futbolistas participantes en las distintas categorías de Cantera, desarrollado por edades en relación a los distintos aspectos: cognitivos, corporales, afectivos y actitudinales.

Por otra parte, también vemos conveniente, definir criterios clarificadores de los términos planificación y programación referidos al entrenamiento en el fútbol base.

Todos estos aspectos, son analizados por Expósito Bautista, Juan en su trabajo Las Escuelas de Fútbol, (Wanceulen Editorial, 2010), de cuyo autor y obra se toma, para dar contenido al presente Capítulo, el siguiente texto y apartados:

3.1. CARACTERÍSTICAS GENERALES DE LOS JÓVENES FUTBOLISTAS: ASPECTOS COGNITIVOS, ASPECTOS CORPORALES Y MOTRICES, ASPECTOS AFECTIVOS Y ACTITUDINALES

3.1.1. PREBENJAMINES

1.1- Aspectos cognitivos. El desarrollo cerebral atraviesa un período de crecimiento estable, estando en una etapa de pensamiento intuitivo, que se va "descentrando", con predominio de la percepción global e indiferenciada, polarizada sobre los aspectos más llamativos. La atención suele ser inestable y se mantiene mientras dura el interés, manifestándolo en las cosas que les gustan.

Los niños a estas edades no tienen una representación adecuada de la realidad: conciben las cosas a su imagen (gran subjetivismo) y se creen el centro de todo (egocentrismo).

Carecen del sentido de lo relativo, de la reflexión y de la autocrítica. Son imaginativos, imitativos, curiosos e impacientes.

Como resumen, diremos que, durante la etapa Pre-benjamín, se produce un paso progresivo del pensamiento egocéntrico y sincrético al pensamiento descentrado y analítico.

1.2- Aspectos corporales y motrices. Es un período de aumento progresivo y estable en el crecimiento físico, sobre todo de las piernas. El cuerpo manifiesta una forma, generalmente, rectilínea y relativamente plana, siendo notable en la caja torácica.

Se produce una pérdida de las almohadillas de grasa (sobre todo en las articulaciones) y una mayor robustez en el cuello, desarrollando a su vez los grandes músculos y no tanto los pequeños, lo que produce un desequilibrio en la coordinación. No obstante, como los procesos de maduración del equilibrio y de la coordinación son patentes, muestran aceptables patrones motores y habilidades básicas.

Se produce de manera considerable un gasto de energía, ya que es habitual que pasen de períodos muy activos a otros cercanos al agotamiento. La resistencia es baja y se cansan rápidamente, por el gran crecimiento del corazón, en comparación con los años anteriores.

Poseen poco control de los impulsos motores y se encuentran en el paso progresivo de la acción del cuerpo a la representación corporal, pasando también del movimiento global al diferenciado.

Tienen sentido cinestésico del ritmo y del espacio; se encuentran también en la afirmación definitiva de la lateralidad y diferenciación derecha / izquierda. En este periodo es donde pueden aparecer los defectos posturales del movimiento.

Por último, es muy probable que encontremos a niños que padezcan, fácilmente, enfermedades respiratorias altas, por el aumento del tejido linfático, productor de las defensas sanguíneas (amígdalas, vegetaciones).

1.3- Aspectos afectivos y actitudinales. La salida del entorno familiar propicia el inicio de la sociabilidad, pero la camaradería es casual y frecuentemente cambiante.

Son egocéntricos, individualistas, impositivos, sensibles y no aceptan bien las críticas, pero buscan y desean la aprobación del adulto.

El deseo de afirmar su personalidad crea tensiones. Pocas veces son generosos; no obstante, comienzan a cooperar y a trabajar en grupo, pero necesitan la intervención del adulto para asentar las bases.

En la mayoría de sus acciones son indiferentes al sexo. Tienen dificultades para tomar decisiones y un comportamiento inquieto.

Les gustan las cosas familiares y tienen necesidad de seguridad, es decir, que el adulto este cerca de él pero sin meterse en su actividad.

Participan en juegos de cooperación y respetan las reglas establecidas si son simples y concretas.

3.1.2. BENJAMINES

2.1- Aspectos cognitivos. Período de estabilidad del crecimiento cerebral. Entran de lleno en el subperiodo de las operaciones concretas. Comienzan a utilizar la lógica y a ser más independientes de los aspectos perceptivos. Empieza a predominar la realidad sobre la imaginación, desarrollando y consolidando la capacidad analítica.

Son capaces de organizar nociones espaciales y temporales, de formar clasificaciones y categorías de objetos y aparecen nociones de conservación de la sustancia, del peso y del volumen. La atención es mayor, pero aún es evidente un desasosiego general.

La representación mental del cuerpo se consolida, así como las nociones derecha/izquierda. Esta edad es intelectualmente más curiosa que la anterior y generalmente aventurera.

2.2- Aspectos corporales y motrices. El ritmo del desarrollo se estabiliza y los cambios estructurales son menores. El crecimiento en altura es más lento que en el período anterior; en cambio, aumenta en anchura por lo que, morfológicamente, el niño está muy proporcionado; no obstante las extremidades siguen creciendo más que el resto del cuerpo.

Debido a que los músculos pequeños se desarrollan más que los grandes y a que hay una mejora en lo sensorial y en lo neurológico, la coordinación mejora, espacialmente la óculo/manual por lo que se produce un refinamiento de la coordinación motriz.

Este período se caracteriza por la escasez de enfermedades aunque aumenta el tejido graso subcutáneo, lo que unido a una alimentación inadecuada, puede provocar la aparición de sobrepeso y de obesidad.

Ganan en equilibrio y vigor. Tienen un excedente de energía, lo que se traduce en un aumento considerable de la vitalidad y en un infatigable afán de actividad, que busca el rendimiento y la competición.

Su motricidad es orientada y voluntaria, consiguiendo dominar su movimiento (total dominio motriz y mayor fuerza muscular), se produce una independencia funcional de los diversos segmentos y elementos corporales por lo que hay independencia de la derecha y de la izquierda.

Aumenta la economía motriz, a favor de un movimiento más exacto y funcional. Es una fase de mayor rendimiento corporal y de movimientos más económicos y eficaces.

Responden mejor a los esfuerzos de resistencia porque el corazón y los pulmones alcanzan mejores condiciones. La recuperación después del esfuerzo es relativamente rápida. Con una práctica apropiada se estimula la capacidad aeróbica y la hipertrofia del músculo cardíaco.

2.3- Aspectos afectivos y actitudinales. No suelen crear problemas de relación con el adulto ya que coincide con el desarrollo por la determinación de tomar decisiones. Suelen discutir sobre lo correcto y lo incorrecto, aunque se encuentran adaptados a su estatus y satisfechos con el papel que les corresponde.

A pesar de que tienen gran deseo de independencia y el sentido de la rivalidad es grande, la búsqueda y aceptación por los demás se hace muy importante, desarrollándose con ello los instintos gregarios (hacen pandillas).

3.1.3. ALEVINES

3.1- Aspectos cognitivos. El cerebro es capaz de actuar de forma más eficiente y de tratar más información y de manera más rápida, debido a la maduración de las estructuras cognitivas (atención, percepción, memoria, inteligencia).

Su comprensión temporal se perfecciona, lo que se traduce en una capacidad para hacer proyectos.

Acceden al pensamiento formal, comprendiendo las leyes internas que subyacen en los fenómenos reales, comprendiendo los principios generales de la acción siendo capaces de elaborar síntesis a partir de datos reales.

Desarrollan el pensamiento abstracto, teniendo la capacidad crítica y afán por explicarlo todo en términos de leyes del pensamiento.

La lógica de las operaciones concretas tiene su apogeo; reflexionan, se plantean problemas, sopesan los pros y los contras antes de tomar una decisión, sopesan la acción y piensan sus ideas ejerciendo una crítica rigurosa.

Al final del ciclo comienza a emerger la inteligencia teórica, diferenciándose de la inteligencia práctica.

3.2- Aspectos corporales y motrices. El proceso de desarrollo se acelera preparando la pubertad, aparecen los primeros signos de maduración sexual. Se origina el segundo cambio de configuración morfológica, caracterizado por peculiares desarmonías y el crecimiento rápido de las piernas. Es el momento del llamado estirón del crecimiento, debido a que aumenta en pocos años un número considerable de centímetros, aunque no todos lo hacen al mismo tiempo.

Los cambios estructurales se manifiestan por modificaciones en el tejido óseo, siendo a nivel escapular en los niños y pélvico en las niñas.

Los músculos aumentan en longitud a medida que crecen los huesos produciéndose un equilibrio en todas las funciones del desarrollo.

En este período se perfeccionan muchos de los logros motores alcanzados en años anteriores. Aumenta la actividad física, manifestando mejoras en los grandes sistemas encargados de la producción de energía, lo que favorece que sean capaces de estar más tiempo trabajando, con mayor intensidad y con mayor rapidez; es decir, se manifiesta una mejora cualitativa y cuantitativa, el niño es capaz de hacer muchas cosas y bien.

3.3- Aspectos afectivos y actitudinales. En esta etapa poseen un sentimiento vital de optimismo. Separan definitivamente el mundo interior del exterior. Poseen un conocimiento más objetivo de la realidad.

Descubren el "yo personal", aumentando el sentimiento de sí mismo, de la propia identidad. La motivación por el logro se va independizando de la estimulación familiar y docente, centrándose en el grupo de pares.

Muestran interés por practicar y compararse con los demás en sus proezas motrices: luchas, competitividad, hacerse valer y reconocer.

Se refuerzan de las relaciones de grupo elaborando a su vez un sistema rígido, quieren ser tratados como adultos.

Comienza el distanciamiento entre los dos sexos, a lo largo de esta etapa se refuerzan las formas y los comportamientos relacionados con el sexo (el niño y la niña acaban identificándose con el papel que la sociedad asigna a cada sexo, interiorizando las normas de conducta correspondientes).Aparece el orgullo masculino (sentimiento de superioridad frente a las niñas, "sexo débil").Comienzan a preocuparse por todo lo relativo al aspecto corporal.

3.1.4. INFANTILES

Muchos psicólogos y pedagogos establecen esta etapa como el comienzo de la adolescencia, entendida ésta, como un periodo de transición entre la niñez y la edad adulta, lo que Erikson (1968) da a conocer como "moratoria social", un compás de espera que la sociedad da a sus miembros jóvenes mientras se preparan para ejercer roles adultos.

El intervalo temporal que cubre la adolescencia suele fijarse entre los 11-12 años, en el que el niño se encuentra en categoría Infantil y los 18-20, donde deja la categoría Juvenil para adentrarse en las distintas categorías de Senior.

4.1- Aspectos cognitivos. El niño en la Categoría Infantil se encuentra en el inicio del periodo de las operaciones formales (Piaget, 1955) con la aparición de la lógica formal, es decir, la capacidad para operar lógicamente con entidades lingüísticas. Se accede al mundo de lo posible y el pensamiento es capaz de las operaciones deductivas, de la exhaustividad lógica y del análisis teórico.

El adolescente, ante un problema, no tiene en cuenta tan solo los datos reales presentes, como ocurre con sujetos de la etapa anterior de operaciones concretas, sino que además es capaz de prever todas las situaciones y relaciones causales posibles entre los elementos del problema. Estas relaciones, que serán analizadas de manera lógica por el sujeto de este estadio, tratará posteriormente de contrastarlas con la realidad a través de la experimentación.

4.2- Aspectos corporales y motrices. Una de las características que más llama la atención de esta etapa es el cambio corporal. Los cambios físicos ocurren con la llegada de la pubertad, entendida esta como *"el conjunto de cambios morfológicos y fisiológicos que se dan en el sujeto en desarrollo y que cambian del estado infantil al estado adulto"*(Marshall y Tanner, 1986). El sujeto pasa por una etapa en el que se produce un gran impulso de crecimiento, por lo que se presentan desequilibrios funcionales, apareciendo un freno en el desarrollo de las coordinaciones, y dificultando la funcionalidad de los músculos al mover las grandes palancas óseas. También disminuye la capacidad fisiológica para resistir esfuerzos debido a los cambios hormonales, sin embargo se produce una gran mejoría de la velocidad de reacción y velocidad gestual por la maduración de las estructuras nerviosas.

4.3- Aspectos afectivos y actitudinales. El sujeto aumenta sus relaciones con el grupo de amigos y disminuye su relación con los padres. La emancipación respecto a la familia no se produce por igual en todos los adolescentes puesto que las prácticas de crianza difieren mucho de unas familias a otras y esto determina el grado de autonomía y de emancipación de los hijos al llegar a este periodo.

Los padres en particular, pueden mostrarse democráticos e igualatorios, o bien, por el contrario autoritarios en el comportamiento de sus hijos, o también, otras veces, permisivos e indiferentes. Estos distintos modos de disciplina parental se relacionan con la aceptación de los padres y madres permisivos, democráticos e igualitarios y con probabilidad de rechazo de los padres autoritarios. Por tanto, no es cierto que se produzca un rechazo generalizado por parte de los adolescentes hacia sus padres, sino que tal rechazo se produce en clara correspondencia con el tipo de disciplina familiar.

En este periodo el sujeto demanda un espacio para su intimidad, el que suelen compartir con sus amigos y no con los padres. El lazo de unión con los amigos aumenta, primero con la formación de la pandilla del mismo sexo. Además suele descubrir el mundo mas allá de su realidad cultural y se muestra sensible con problemas de otras sociedades y culturas.

3.1.5. CADETES

5.1- Aspectos cognitivos. Sobre los 14-15 años todos los sujetos con unos niveles normales de escolarización dominan ya el pensamiento formal, por ello todo sujeto, ante un problema actuará de la siguiente manera:

- Una vez organizada la información, el sujeto concibe todas o casi todas las relaciones posibles entre las distintas variables de la tarea, lo cual le sirve para formular una o varias hipótesis que establecen relaciones causa efecto
- El sujeto es capaz de comprobar de manera sistemática sus hipótesis utilizando el razonamiento deductivo y el esquema de control de variables.
- Por último, el sujeto interpreta el resultado de sus comprobaciones y elige la alternativa correcta.

Todo este proceso de pensamiento no sería posible sin la existencia de los esquemas formales que se construyen en estas edades. El esquema operatorio formal es el medio a través el cual el sujeto representa su conocimiento, entendido como un proceso interno, organizado y no necesariamente consciente, que descansa sobre la antigua información ya almacenada en nuestra mente. Los esquemas poseen capacidad predictiva y son flexibles, pudiéndose acomodar a las demandas del medio.

5.2- Aspectos corporales y motrices. Tras el impulso de crecimiento mas o menos descontrolado que se produce en la etapa de Infantil, el sujeto que ya es Cadete, posee un crecimiento más uniforme y constante, mejorando sus capacidades coordinativas pues ya ha interiorizado su nuevo esquema corporal. Sobre la fisiología, supone una fase de crecimiento muy rápido de su capacidad de resistencia, el crecimiento corporal anteriormente comentado supone un aumento de la fuerza hasta alcanzar un 85% del máximo. Este aumento de la musculatura hace mejorar la velocidad de desplazamiento.

5.3- Aspectos afectivos y actitudinales. Existe la creencia generalizada de que en estas edades, la influencia de los padres decrece enormemente a favor de la ejercida por los amigos. Esto no es así, pues auque exista un aumento de las influencias de los compañeros, siempre es más intensa la influencia de los padres ante aspectos que atañan a su futuro, mientras se deja influir más por los compañeros en aspectos sobre el presente, como son forma de vestir, aficiones, modas...

Si las relaciones con sus iguales las comenzaba en pandillas de chico o chica, ahora se va a inclinar por la formación de pandillas mixtas.

3.1.6. JUVENILES

6.1- Aspectos cognitivos. El sujeto se encuentra muy cercano a la vida adulta, sigue en el periodo de las operaciones formales (Piaget, 1955), pero tras la reformulación de la teoría de Piaget (1970), aumenta la edad de consolidación del pensamiento formal a los 20 años con la condición de que el medio social y la experiencia adquirida proporcionen los incentivos intelectuales necesarios para la construcción del pensamiento formal.

6.2- Aspectos corporales y motrices. La composición corporal del sujeto es muy parecida al adulto, le ha cambiado la voz, los rasgos sexuales se han acentuado, aunque el crecimiento total no concluye hasta los 21-22 años, su fisonomía corporal esta casi completada, es decir, su crecimiento corporal es completo y se encuentra preparado para someterse a cualquier tipo de entrenamiento para mejorar sus aspectos fisiológicos.

6.3- Aspectos afectivos y actitudinales. Es la etapa final donde el adolescente consolida su competencia o capacidad general frente al mundo, a la realidad y al entorno social. En esta edad se consuma el proceso de interiorización de pautas culturales y de valor, y se perfecciona la consolidación de habilidades técnicas, comunicativas y, en general, sociales. Esta consolidación de habilidades, fruto, entre otros aspectos, del proceso de socialización, contribuye a asegurar al adolescente su propia autonomía frente al entorno.

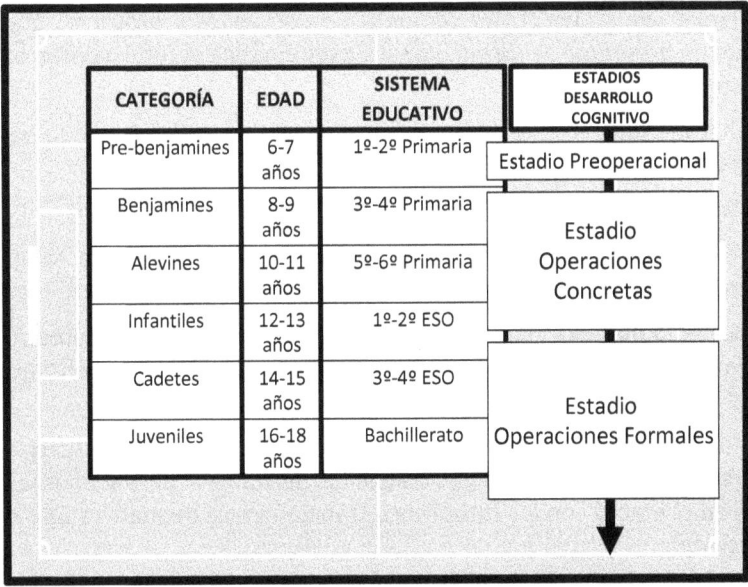

Las categorías de fútbol base en relación con los estadios de J. Piaget.
Fuente: Expósito Bautista, (2010)

3.2. PLANIFICACIÓN Y PROGRAMACIÓN: CONCEPTOS

3.2.1 DEFINICIÓN DE TÉRMINOS

Los conceptos de planificación y programación son dos términos que en demasiadas ocasiones se confunden ya que se suelen utilizar como términos sinónimos; en estas líneas trataremos de aclarar y diferenciar ambos conceptos, ya que se considera importante tener claro el significado de uno y otro antes de elaborar cualquier proyecto y llevar a cabo cualquier actividad en el fútbol base. Pensamos que la planificación ha de realizarse antes de la programación como veremos más adelante.

3.2.2. PLANIFICAR

a) Concepto

Según el Diccionario de la Real Academia Española de la Lengua, planificar lo considera como *"El plan general metódicamente organizado, para obtener un objetivo determinado"*

Para Álvarez del Villar C. (1983) la planificación es *"Análisis previo de todos aquellos factores objetivos y subjetivos, internos y externos, que pueden influir en el resultado de una tarea propuesta"*.

Para Pawluk (1972): *"El conjunto de decisiones y proyectos cuyo fin consiste en presentar de forma glob*al y esquemática el futuro desarrollo de una actividad".

Ulatowsqui (1972) expone unas normas en las cuales hay que basarse en toda planificación:

- El plan debe basarse en supuestos reales y posibles de alcanzar.
- No puede ser considerado como un eslogan, sino como una obligación del responsable o coordinador de ajustar su tarea al programa.
- Debe ser lo más exacta posible, y para ello debe basarse en datos cuantitativos y cualitativos, señalando los medios necesarios para conseguir los fines propuestos.
- Ha de estructurarse de forma que su sencillez y claridad descarguen al entrenador de las formas burocratizadas de trabajo, permitiéndole estar más en contacto con los futbolistas, trabajando así de manera más eficaz y racional.
- Pero antes de planificar el entrenamiento de un equipo o de un club, se ha de ser realista y hacer un análisis exhaustivo del contexto en el que nos encontramos. Para ello seria prioritario realizar un proyecto inicial donde se refleje lo que se quiere hacer y conseguir, analizando los aspectos más importantes para diseñar la planificación y elaborar la programación.

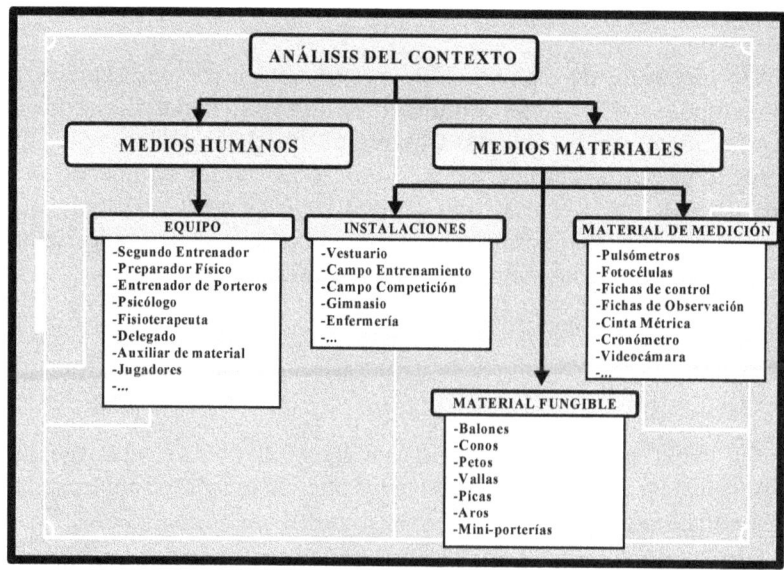

Análisis del contexto. Expósito Bautista, Juan. 2010. Las Escuelas de Fútbol.

Toda planificación deportiva, sea o no extensa, se compone de tres fases bien diferenciadas: una primera fase de elaboración, donde el entrenador debe de conocer, además del contexto en el que se va a mover, las finalidades o los objetivos que el club se propone, una vez elaborado el plan, es la hora de ponerlo en práctica y esa ejecución requiere de una evaluación.

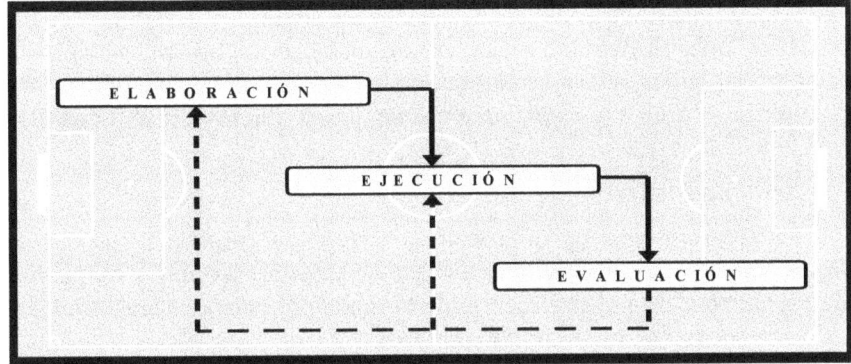

Fases de una buena planificación.
Expósito Bautista, Juan, 2010. Las Escuelas de Fútbol.

b) Características

Toda planificación que un entrenador deba realizar, tendrá en cuenta las propias características de ésta:

- La Planificación es una acción **compleja**, debido a las numerosas variables a las que el entrenador debe tener en cuenta, como por ejemplo el número de jugadores y las características de estos tanto individuales como colectivas y demás profesionales vinculados al equipo. La elaboración de la planificación va a ser una u otra dependiendo también del tipo de campeonato o torneos en los que participe el equipo y las características de los equipos contrarios. Además el establecimiento de unos objetivos u otros va a provocar que los factores de rendimiento en unos periodos sean más variados y en otros más específicos.

- La **flexibilidad** es una de las características fundamentales de la planificación ya que la evaluación que vayamos realizando a lo largo de esta nos permitirá que vayamos aplicando reajustes.

- También debe ser **única**, pues no todos los equipos son iguales, no todos los contextos son los mismos y no todas las temporadas son similares.

- La planificación para que sea lo más realista posible debe ser **personalizada** a las características del grupo.

3.2.3. PROGRAMAR

a) Concepto

El Diccionario de la Real Academia Española define programar como *"idear y ordenar las acciones necesarias para realizar un proyecto"*.

Para Imbernom (1992) es establecer una serie de actividades en un contexto, ya analizado en la planificación, y en un tiempo determinados para enseñar unos contenidos con la pretensión de conseguir varios objetivos. Es decir, según las edades a las que estemos tratando, elegiremos unos contenidos u otros a trabajar para conseguir los objetivos diseñados para cada una de las etapas.

b) Características

La programación ha de reunir una serie de características que la hagan, por una parte útil y eficaz, y por otra parte accesible y manejable por los alumnos de nuestra Escuela de Fútbol y por los monitores, profesores o entrenadores…debe ser por lo tanto:

- **Adecuada** al contexto en el que nos encontramos, es decir, debe basarse a la realidad en la que nos encontramos ya analizado previamente en la planificación.
- **Personal** ya que requiere ser única y pensada para el grupo de niños que tenemos a nuestro cargo, no nos va a servir una programación de otro lugar o contexto diferente y no nos va a servir la programación de los niños de categoría alevín para entrenar a los de categoría infantil.
- **Flexible y revisable,** no debemos cometer el error de pensar que nuestra programación es la mejor y no admite cambios, ya que a la hora de ponerla en práctica, ha de estar abierta a mejoras.
- **Suficiente**, ya que ha de recoger todos los aspectos necesarios para llevarla a la práctica, como objetivos, contenidos, metodología, criterios de evaluación…
- **Viable**, una buena programación ha de caracterizarse por su aplicabilidad.

3.2.4. ¿PLANIFICAMOS O PROGRAMAMOS EN FÚTBOL BASE?

Si revisamos y analizamos a muchos clubes de fútbol base, en su mayoría denominadas "ESCUELAS", encontraríamos numerosas carencias, ya que utilizan el término "ESCUELA" a la ligera, dejando mucho que desear.

Una escuela de fútbol base puede acoger a niños desde los 5 ó 6 años hasta adolescentes de 17 y 18 años. Respecto a la planificación, muchos de estos clubes o escuelas suelen estar más o menos bien planificados, suelen ser conscientes del contexto en el que se mueven, suelen organizar a los técnicos por las distintas categorías ya dadas por la federación, ¿Pero qué ocurre con la programación?, ¿En qué se basan?. Debemos recordar que estos niños, futbolistas o alumnos se encuentran en edad escolar y su actividad extraescolar debería estar ligada a ella, es decir, no deberíamos hacer en las escuelas de fútbol diferentes cosas que en las clases de Educación Física.

¿Qué debemos hacer en las Escuelas de Fútbol base? Antes de dar respuesta, seria necesario saber que entendemos por deporte escolar y deporte en edad escolar.

El término **deporte escolar** ha estado ligado a la realización o práctica deportiva en el ámbito escolar y de manera tradicional éste ha sido el término utilizado. Sin embargo, el **deporte en edad escolar** va mucho más allá del contexto educativo, consideramos que es toda aquella práctica deportiva que realiza el niño o el adolescente tanto en el centro educativo como en sus actividades extraescolares desarrolladas en el seno de los clubes o escuelas deportivas.

Gómez y García (1993) denominan deporte escolar a *"toda actividad físico-deportiva realizada por niños/as en edad escolar, dentro y fuera del contexto escolar, incluso desarrollada en el ámbito de los clubes o de otras entidades públicas o privadas, considerando, por tanto, deporte escolar como sinónimo de deporte en edad escolar"*.

CATEGORÍA	EDAD	SISTEMA EDUCATIVO
Pre-benjamines	8 años	1º-2º Primaria
Benjamines	9 años	3º-4º Primaria
Alevines	10-11 años	5º-6º Primaria
Infantiles	12-13 años	1º-2º ESO
Cadetes	14-15 años	3º-4º ESO
Juveniles	16-18 años	Bachillerato

Distribución de Categorías por edades en relación con el Sistema Educativo. *(Expósito Bautista, Juan- 2010). Las Escuelas de Fútbol.*

	BLOQUES DE CONTENIDOS ÁREA DE EDUCACIÓN FÍSICA	HABILIDA-DES	BLOQUES DE CONTENIDOS FÚTBOL
PRIMARIA	➢El cuerpo: imagen y percepción. ➢Habilidades motrices. ➢Actividades físicas artístico-expresivas. ➢Actividad física y salud ➢Juegos y deportes	HABILIDADES PERCEPTIVAS Y HABILIDADES BÁSICAS	➢CONDICIONAL -Resistencia -Velocidad -Fuerza -Flexibilidad -Coordinación
ESO	➢Condición física y salud ➢Juegos y deportes. ➢Cualidades motrices personales ➢Expresión corporal ➢Actividades en el medio natural	HABILIDADES ESPECÍFICAS	➢TÉCNICA -Control -Conducción -Pase -Recepción -Golpeos ➢TÁCTICA -Desmarque -Cobertura -Presing -Marcaje -Sistemas -1x1 -1x2 -2x2 -...
BACHILLERATO	➢Actividad Física y salud ➢Actividad Física, deporte y tiempo libre		➢PSICOLÓGICO -Concentración -Motivación -Agresividad -Toma de decisiones -Relaciones interpersonales -Cohesión de equipo -Nivel de activación -Autoestima -Estrés ➢SALUD -Higiene personal -Higiene postural -Hábitos alimenticios -Prevención de lesiones

Relación de los contenidos del área de Educación Física con el Fútbol.
(Expósito Bautista, Juan - 2010). Las Escuelas de Fútbol.

En tal sentido, todas las instituciones que en principio no están enfocadas a la docencia, pero que inciden en gran medida sobre la formación del niño, han de asumir parte de la responsabilidad en su formación deportiva. Clubes, federaciones, ayuntamientos... deben favorecer y apoyar el fomento del deporte en edad escolar, si bien la escuela ha de ser la impulsora y coordinadora de los intereses de los niños hacia el deporte.(Ruiz Juan, García López y J. Casimiro, 2001).

Siguiendo con la pregunta inicial del apartado, ¿planificamos o programamos en nuestras escuelas de fútbol base?, es obvio que todas las escuelas poseen una menor o mayor planificación según los objetivos generales que se planteen, decididos de ante mano por el equipo directivo y el coordinador deportivo, pero ¿Qué programamos?, ¿Cómo programamos?...

Si partimos de que tenemos a personas en edad escolar, debemos saber que estamos ante deporte en edad escolar, donde el niño debe desarrollar sus capacidades de forma paralela a la del centro de enseñanza. Si los maestros de Educación Física disponen de un documento oficial en el que basar su programación, ¿Por qué los entrenadores de niños en edad escolar, en coordinación con el profesor del niño no puede hacer uso de ese documento como son el Diseño Curricular Base y el propio Currículo del área de Educación Física y realizar su programación?. Creo que sería lo adecuado, ya que en la mayoría de ocasiones, en las Escuelas de Fútbol realizamos entrenamientos de adulto a los niños en el peor de los casos, o en su caso, los adaptamos a los niños pero sin tener una programación que indique que vamos a realizar, con qué objetivo, qué metodología vamos a utilizar, etc.

Principales pasos para programar y planificar.
(Expósito Bautista, Juan- 2010). Las Escuelas de Fútbol.

Capítulo 4

METODOLOGÍA. COMO ENSEÑAR EL FÚTBOL.
Formas global y analítica: su aplicación al proceso enseñanza/aprendizaje de la técnica y la táctica del fútbol.

4.1. INTRODUCCIÓN

El aprendizaje de la técnica y de la táctica del fútbol, al igual que en los demás deportes, está dentro del marco de debate de los métodos global y analítico.

El presente Capítulo pretende aportar al entrenador y referido al caso específico del fútbol, un resumen que contenga:

- Clarificación de conceptos.
- Estrategia en la práctica aplicable al aprendizaje de la técnica y la táctica en el fútbol.
- El fútbol como habilidad abierta.
- Edad y maduración para el aprendizaje.
- Bases para el proceso enseñanza/aprendizaje de gestos técnico-tácticos y conductas táctico-técnicas del fútbol.

Es decir, pretendemos una documentación que facilite al entrenador una toma de posición en cuanto a estos temas y que al redactar los contenidos de los entrenamientos que tengan como objetivo enseñar/aprender el fútbol, disponga de información necesaria.

4.2. CLARIFICACIÓN DE CONCEPTOS

Se incluyen a continuación definiciones de los conceptos que se van a utilizar en el proceso de aprendizaje.

4.2.1. ELEMENTOS DE LA ACTIVIDAD

Los elementos de la actividad, son las formas en que se puede presentar una tarea: desde el ejercicio hasta la complejidad de un deporte (Pintor, 1987).

- EJERCICIO: Es toda tarea, que siendo pura, pretende mejorar determinados aspectos concretos. No lleva implícito elementos lúdicos.

- JUEGO SIMPLE: Aquella tarea que posee características lúdicas, pero con poca exigencia motriz, con reglas elementales y pocos participantes. Muchos ejercicios se pueden convertir en juegos simples, introduciendo un elemento lúdico. Juego Complejo: Igual que juego simple pero con más complejidad perceptivo-motriz, más participantes y reglas más complejas.

- JUEGO PREDEPORTIVO: Juegos más cercanos al deporte, porque están estructurados como él, sin identificarse con ninguno en especial, pero su intención es eminentemente educativa.

- DEPORTE/FÚTBOL: Siendo un juego, tiene carácter competitivo, reglas complejas e invariables y con una definida estructuración. De este modo saldría: Fútbol reducido, fútbol recreativo, fútbol de alto rendimiento.

Ejercicios: Los niños no disfrutan con ellos hasta los 11-12 años, cuando alcanzan una mayor madurez mental. Su objetivo fundamental es el de mejorar elementos técnicos. No obstante, es interesante señalar que algunos ejercicios son fácilmente transformables a formas jugadas. Todo consiste en introducir algún elemento lúdico, motivante, que atraiga la atención del niño; en este caso se podría desarrollar un poco antes de la citada edad. Por ejemplo, agregar un elementos competitivo como ¿cuantas veces somos capaces de hacer...? Esto amplia más aun el repertorio de actividades en iniciación al fútbol.

JUEGOS: El juego es el medio más importante en la iniciación deportiva, porque se adecua a las necesidades psicológicas del niño y ayuda al profesor-entrenador a ir transfiriendo las habilidades básicas en habilidades específicas.

El aspecto más importante que destacaríamos en la aplicación de juegos, es la participación de todos los jugadores. Hay que buscar todos los recursos didácticos que podamos para que nadie quede sin jugar y todos lo hagan sin esperar. Esto es una prioridad en iniciación deportiva.

4.2.2. ESTRATEGIA EN LA PRÁCTICA APLICABLE AL APRENDIZAJE DE LA TÉCNICA Y LA TÁCTICA EN FÚTBOL.

(Resumen de lo expresado por Díaz Trillo, Sáenz-López y Tierra Orta, 1995).

Delgado Noguera, 1991, define estrategia en la práctica, como «la forma de presentar la actividad».

Tradicionalmente, en la didáctica se han utilizado los siguientes términos: Método analítico (o fraccionado) y método sintético o global.

- **Estrategia en la práctica global.** Cuando presentamos la actividad de forma completa.
- **Estrategia en la práctica analítica**. Cuando la tarea se puede descomponer en partes y se enseñan por separado.
- **Estrategia en la práctica mixta.** Se combinan ambas estrategias global y analítica. Se presenta la actividad de forma global, después se realiza un ejercicio analítico que mejore una parte de la tarea, y al final se vuelve a la estrategia global.

Para estudiar la variantes que nos ofrecen las distintas estrategias en la práctica, con lo expuesto por Sáenz-López Buñuel, 1997, formamos los contenidos de los cuadros n.º 1 y 2.

Cuadro n.º 1 - ESTRATEGIA EN LA PRÁCTICA	
TIPO DE ESTRATEGIA	**DESCRIPCIÓN**
GLOBAL PURA	Sería la aplicación fiel de la estrategia global, es decir, la ejecución en su totalidad de la tarea propuesta.
GLOBAL POLARIZANDO LA ATENCIÓN	Es la ejecución total de la tarea propuesta, pero poniendo especial atención en algún aspecto de la ejecución.
GLOBAL MODIFICANDO LA SITUACIÓN REAL	La ejecución en su totalidad de la tarea propuesta, pero modificando las condiciones, normalmente para facilitarlas, pero también puede rebasar la dificultad de la situación real.
ANALÍTICA PURA	La tarea se descompone en partes y la ejecución comienza por la parte que el profesor/entrenador, considera la más importante. Así, sucesivamente, se irán practicando aisladamente todos sus componentes para al final pasar a la síntesis final (tarea completa).
ANALÍTICA SECUENCIAL	La tarea se descompone en partes y la ejecución comienza por la primera parte en orden temporal. En este orden se practican aisladamente para proceder al final a la síntesis.
ANALÍTICA PROGRESIVA	La tarea se descompone en partes. La práctica comienza con un sólo elemento; una vez dominado se irán añadiendo, progresivamente, nuevos elementos hasta la ejecución total de la tarea.

Cuadro n.º 2: ESTRATEGIA EN LA PRÁCTICA MIXTA

Consiste en combinar ambas estrategias (global y analítica) tratando de sacar lo positivo de cada una. Debido a que todas las progresiones deben finalizar de forma global, la estrategia en la práctica mixta, comienza siempre con un ejercicio global; después se practica una parte analíticamente para terminar volviendo a la estrategia global:

GLOBAL - ANALÍTICA - GLOBAL

El ejercicio analítico puede desarrollarse, bien porque se programa con antelación, normalmente por ser la parte más importante, o bien porque se detecta un error específico y se trata de corregir practicándolo analíticamente.

La utilización de esta estrategia en la práctica mixta, requiere un gran conocimiento de la tarea motriz que se enseña y de todas las variantes globales y analíticas, ya que permite ampliar posibilidades de combinación.

a) **GLOBAL-ANALÍTICA-GLOBAL:** Es el esquema clásico y se suele utilizar cuando la tarea es relativamente simple.

b) **GLOBAL-ANALÍTICO-ANALÍTICO-GLOBAL:** Esta variante consiste en realizar más de un ejercicio analítico en la secuencia intermedia.

c) **GLOBAL-ANALÍTICO-GLOBAL-ANALÍTICO-GLOBAL:** Combinar sucesivamente ambas estrategias, puede constituir una interesante progresión de enseñanza.

Situación global modificando la situación real, como 1 contra 1	Ejercicio analítico de conducción del balón	Global 2 contra 2	Ejercicio analítico de pase y recepción	Global 3 contra 3
1	2	3	4	5

Es conveniente que el primer ejercicio global se realice modificando la situación real, para facilitar su práctica.

4.3. ARGUMENTOS A FAVOR Y EN CONTRA DE LOS DISTINTOS MÉTODOS

Bárbara Knapp, hizo en 1981, un importante trabajo sobre la habilidad en el deporte, que ha sido obra de frecuente referencia.

Por considerarlo de gran interés fundamentador, recogemos a continuación un breve resumen de lo analizado por Bárbara Knapp, formando el cuadro siguiente:

Cuadro n.º 3:
ARGUMENTOS A FAVOR Y EN CONTRA DE LOS DISTINTOS MÉTODOS

«Hay argumentos a favor y en contra de los distintos métodos, pero ninguno de estos parece decididamente el mejor para todas y cada una de las habilidades/...

¿Qué factores pueden influir en la eficacia de un método concreto? Dos factores importantes son la motivación y el tipo de habilidad.

– **MOTIVACIÓN.** Cuando una persona aprende una habilidad compleja siguiendo el método global, ha de pasar bastante tiempo antes de que llegue a ver unos resultados satisfactorios. Tendrá que hacer grandes esfuerzos, antes de que advierta algún progreso traducido en resultados. Por eso, a no ser que la motivación sea fuerte, puede que abandone antes de adquirir la habilidad deseada.

Una vez que aparece un progreso mensurable, probablemente, este será más estable y menos sujeto a «rellanos», que si se utilizara el método fraccionado.

– **APRENDER PARTES ES MÁS FÁCIL QUE APRENDER TODO.** Por eso, si se utiliza el método fraccionado, parecerá que el alumno realiza mayores progresos, con lo que su satisfacción será mayor y disfrutará más con las prácticas: se le presentan muchos objetivos intermedios que puede conseguir, y ello le animará a proseguir sus esfuerzos. Pero los seres humanos aprenden lo que practican, y por ello, es posible que a la larga tarde más el alumno en aprender el todo, porque la transferencia solo afectará a algunas de las habilidades y conocimientos logrados al aprender las partes.

– **EL CONJUNTO ES UNA ACCIÓN ÚNICA.** Con sus características propias y por eso, llegar a dominar el conjunto no equivale exactamente a acoplar unas partes con otras. Harán falta muchos esfuerzos, sobre todo si no se ha proporcionado al alumno, una idea concreta del conjunto al comienzo de sus prácticas.

El método fraccionado, puede presentar serias dificultades aún después de haberse adquirido el conjunto de la habilidad, en cuanto a puntos débiles, en la fase correspondiente a la unión de las partes.

Existe también la dificultad de determinar claramente las partes y el todo.

– **EL TIPO DE HABILIDAD.** El propio método dependerá en cierta medida de la complejidad de la habilidad y el problema debe resolverse atendiendo a las aptitudes y a la motivación del alumno.

> Los niños pequeños parecen disfrutar más, aprendiendo por partes. De hecho, lo que para el adulto es una parte, puede representar un todo para el niño, habida cuenta de sus limitaciones de comprensión.
>
> Probablemente el método global es el mejor cuando se trata de una habilidad que se puede alcanzar bastante pronto a un nivel medio de rendimiento y cuando la habilidad es relativamente sencilla para el alumno. En habilidades relativamente complejas, como en los deportes de equipo, puede ser preferible acudir al método fraccionado.
>
> Hay que considerar la forma en que las partes están relacionadas con el conjunto de la fracción.
>
> Cuando la acción es de una duración relativamente larga y sus partes se suceden unas a otras, puede ser útil el método Global-Fraccionado-Global, ya que cada parte de la acción, depende de la precisión de la precedente.
>
> El alumno debe enfrentarse antes que nada con el conjunto de la habilidad. Pero en la ejecución de ese todo, a no ser que se trate de una habilidad simple, habrá partes que resulten difíciles de dominar por un individuo concreto...
>
> Por eso es necesario, primero enfrentarse con el todo y luego aislar las partes con vistas al entrenamiento, de acuerdo con las dificultades que encuentre cada individuo o equipo.

Finalmente, Bárbara Knapp expresa:

«Después de todo lo expuesto, es posible resumir esta tan difícil cuestión del aprendizaje global y fraccionado diciendo que, mientras que no lleguemos a contar con datos experimentales sobre cada habilidad, probablemente sea mejor en lo que se refiere a las habilidades implicadas en la educación física y la recreación, comenzar con el método global, manteniendo a la vez libertad para, en un momento determinado y en el caso de un individuo concreto, centrarse en una parte que representa una dificultad y constituye un punto débil que impide la ejecución o el perfeccionamiento de la habilidad global».

4.4. EL FÚTBOL COMO HABILIDAD ABIERTA

Bárbara Knapp, 1981, modificando la definición dada por Guthrie, dice que habilidad es «la capacidad adquirida por aprendizaje, de producir resultados previstos con el máximo de certeza y, frecuentemente, con el mínimo dispendio de tiempo, de energía o de ambas cosas». Y continúa con lo siguiente:

HABILIDADES CERRADAS Y HABILIDADES ABIERTAS.

«– Habilidades cerradas son aquellas en las que intervienen condiciones previsibles. Son ajenas a las condiciones externas.

– Habilidades abiertas, son las que han de adaptarse o bien a una serie impredecible de condiciones ambientales, o bien a una serie muy difícil, predecible o impredecible.

En el fútbol, el jugador puede tener unos buenos patrones motores, pero si no realiza la acción correcta en el momento oportuno, resultaría casi una inutilidad como jugador. Por tanto, en fútbol, lo más importante es una intuición de la situación. Es una habilidad abierta.

Las habilidades abiertas, como el fútbol, exigen que el individuo sea capaz de afrontar una gran variedad de situaciones y es prácticamente imposible que nadie pueda poseer todas las cualidades y habilidades del especialista teóricamente perfecto.

En los juegos de equipo, habría que prestar atención a los aspectos mentales de la actividad, ya que mientras mas habilidad tengan los jugadores, menor será, probablemente, el esfuerzo físico que habrán de hacer. El hecho de que Stanley Matthews fuera capaz de mantener su puesto en un equipo profesional de fútbol a los 46 años de edad, es en este sentido, una proeza comprensible».

4.5. EDAD Y MADURACIÓN PARA EL APRENDIZAJE

No es objeto del presente trabajo, entrar en un extenso estudio sobre edad y maduración, pero si recordar algunos criterios generales.

De nuevo siguiendo a Bárbara Knapp, 1981, exponemos parte de lo analizado por dicha autora, con relación a estos conceptos:

«La edad suficiente no viene determinada por la edad cronológica, sino por la edad fisiológica, es decir, por el grado de madurez alcanzado por el niño.

Si el niño ensaya una acción antes de tener la aptitud necesaria, puede verse frustrado hasta el punto de bloquear su proceso posterior. El tiempo empleado puede resultar perdido si se hace a una edad inapropiada.

Por otra parte, si no se emprende el ejercicio oportuno hasta bastante después de pasado el momento adecuado, puede que el niño encuentre muchas más dificultades para aprender esa acción concreta: Existen periodo "críticos" y el saber cuando se dan es de vital importancia, si se desea adquirir una habilidad determinada.

Cuando se trata de niños que participan en una organización de fútbol abierta a todos sin condicionantes alguno, el abanico de edades de maduración es amplio, por lo que sólo algunos iniciarán a tiempo su formación básica.

> Este es el caso de campañas de fútbol para todos, fútbol escolar, escuelas de fútbol municipales, competiciones de fútbol iniciación, etc., en el que, con acertado criterio, se da preferencia a la función social sobre la función técnica (Wanceulen Ferrer, Antonio, 1982)». Pero si entra en análisis los efectos positivos para una progresión normalizada hacia el fútbol de alto rendimiento, es cierto que los jóvenes con alto nivel de maduración, habrán empezado su formación para el fútbol, probablemente tarde, y en un contexto posiblemente insuficiente para él, aunque sea muy adecuado para los demás deportistas.

La edad óptima para iniciar unas actividades concretas dependerá, no sólo del grado de maduración, sino de su edad cronológica y de las actividades que haya practicado desde que nació...

A los 9 o 10 años, se le despertará el interés por hacerlo bien en los deportes y juegos y llegar a ser un "primera clase". Pero todavía le cuesta mantener su atención controlada, incluso durante el tiempo que dura un partido de fútbol.

Hacia los 11 años, cobran importancia la competición y los deportes de equipo. Al principio desea demostrar que él es mejor que otros niños y es probable que en un deporte de equipo, trate a todos los demás compañeros como adversarios suyos. Pero poco a poco aprende que no puede dominar al grupo y que ha de cooperar con él y limitar su papel dentro del equipo. Resulta difícil dejar que los niños dejen de ir todos a la vez detrás del balón. Y no es por egoísmo, o por falta de inteligencia, sino por falta de madurez. Todavía no han captado la idea de cooperación en equipo. Más adelante, la mayoría de los niños se convierten en buenos compañeros de equipo.

Es inútil y puede que incluso perjudicial, querer que un niño adquiera una habilidad, antes de haber madurado suficientemente».

4.6. BASES PARA EL PROCESO ENSEÑANZA/APRENDIZAJE DE GESTOS TÉCNICOS-TÁCTICOS Y CONDUCTAS TÁCTICO-TÉCNICAS DEL FÚTBOL

Hasta ahora nos hemos referido a la clarificación de conceptos: juego, ejercicio, tipos de estrategia en la práctica aplicada al aprendizaje de la técnica y la táctica en el fútbol, fútbol como habilidad abierta y edad y maduración.

Es decir, hemos tratado algunos planteamientos sobre criterios metodológicos aplicables a la especialidad, pero dado que sobre el proceso de aprendizaje del deporte en general, existen trabajos que facilitarán cualquier consulta fundamentadora al respecto, citamos a continuación a varios autores, que entre otros, han analizado en profundidad dicho proceso, refiriéndose al deporte en general:

— Antón, Juan L. y López, Jesús; Blázquez, Domingo; Delgado, Miguel Angel; Ibáñez, Sergio; Knapp, Bárbara; Riera, Joan; Sáenz-López, Pedro; Santos, José Antonio y Viciana, Jesús.

Y sin llegar a un excesivo tratamiento del tema, incluimos algunos breves resúmenes de lo aportado individualmente por los autores citados, y en todo caso, en la bibliografía que se detalla al final de este trabajo, aparecen referencias completas de sus obras, cuya consulta aconsejamos para quienes deseen ampliar lo analizado:

De **Antón, Juan L.** y de **López, Jesús**, 1989, en su trabajo «La formación y aprendizaje de la técnica y la táctica»:

«Partiendo de la base de que el contenido de la formación técnica en deportes de equipo está totalmente influenciado por las conductas de decisión en la elección de la técnica adecuada para solucionar situaciones complejas del juego, entendemos que en el aprendizaje de estas disciplinas deportivas la unidad de formación técnico-táctica es inseparable y debe ser tratada de forma conjunta».

«Una característica de la actividad en los deportes colectivos es que todas las acciones vienen determinada por la solución táctica. Esto se debe al sistema de relación que se da en el juego y que tiene más componentes: compañeros adversario, balón, objetivos a alcanzar (canasta, portería, etc.), terreno de juego en el que se integran todos los jugadores y con el que deben enfrentarse activa y constantemente...

La actividad deportiva se realiza siempre en cooperación directa (interacción) con los compañeros de juego y en oposición a los adversarios.»

De **Delgado, Miguel Angel**, 1991, en su obra «Los estilos de enseñanza en la Educación Física. Propuesta para una reforma de la enseñanza»:

Las estrategias en la práctica no son sólo las dos que hasta ahora hemos abordado, sino que existe una gran variedad y combinación con ellas. Podemos presentar un continuun en el que en ambos polos extremos tenemos la estrategia en la práctica global pura por un lado, y en el otro polo la estrategia en la práctica analítica pura.

El profesor, buen conocedor de la materia, podrá aplicar la estrategia en la práctica adecuada a cada situación y en función del propio proceso de aprendizaje del alumno. Se podría decir que cada alumno exigiría una estrategia en la práctica individualizada».

De **Ibáñez, Sergio,** 1997, en su trabajo: «El proceso de formación técnico-táctico en la iniciación deportiva»: evolución histórica de la enseñanza de la técnica y la táctica, habla sobre la concepción integral en la enseñanza de los contenidos deportivos.

Algunos profesores/entrenadores con inquietudes formativas se dan cuenta de estas lagunas, buscando soluciones a las carencias que observamos. Así desarrollan situaciones técnicas específicas dentro del contexto del juego (táctica), y plantean propuestas tácticas en las que hacen hincapié en la correcta ejecución técnica.

Aparece así el concepto metodológico al que nos referimos, a la **Formación Integral de los Contenidos Deportivos***, desarrollándolos de forma conjunta y no de forma aislada como hasta ahora se venía realizando.*

Los contenidos deportivos ya no se trabajan de forma aislada, sino integrados, atendiendo al mismo tiempo tanto la ejecución como al proceso de búsqueda de soluciones. Pero dentro de nuestro proceso metodológico existirán momentos en los que deberemos centrar nuestra atención sobre el gesto o sobre la conducta. Entendemos por tanto que los contenidos deportivos serán técnico-táctico, cuando prestemos una mayor atención a las ejecuciones motrices, y táctico-técnicos cuando nuestro interés se centre en las conductas motrices.

Con este criterio y apoyándonos en la idea de clasificar los contenidos deportivos en básicos y complejos para realizar un mejor tratamiento metodológico y progresivo, realizado por Pintor (1987), podríamos estructurar los contenidos deportivos en Gestos y Conductas:

GESTOS	CONDUCTAS
Técnico-Tácticos Individuales Técnico-Tácticos Colectivos Básicos Técnico-Tácticos Colectivos Complejos	Táctico-Técnicas Individuales Táctico-Técnicas Colectivas Básicas Táctico-Técnicas Colectivas Complejas
Situaciones prácticas con un claro predominio de la acción técnica sobre la respuesta táctica.	Situaciones en las que el predominio en la respuesta táctica sobre la ejecución técnica.
Tanto los gestos como las conductas deberán ser de ataque y de defensa.	

Para seguir una adecuada progresión, las actividades que se realicen serán habituales para el niño, complicándolas de forma paulatina hasta poder llegar a realizar algunas inhabituales, incluyendo habili-

dades genéricas y comunes de las prácticas deportivas para introducir poco a poco las específicas del deporte en cuestión, con planteamientos globales y generales en las actividades, realizando poco a poco situaciones más concretas, específicas y parciales del deporte, mas analíticas».

> *«La formación técnico-táctica y táctico-técnica en un deporte es un proceso continuo a lo largo del tiempo, que debe producirse simultáneamente, (concepto de formación integral) y no de forma sucesiva, primero una y después otra».*

4.7. PRÁCTICAS CON OPONENTES Y COMPAÑEROS

«...El aprendizaje de las tareas en las que intervienen otras personas no puede llevarse a cabo únicamente con contacto exclusivo con los objetos, sino que exige la presencia activa de los contrincantes y/o compañeros. Es imposible aprender a jugar a fútbol mediante la práctica individual con el balón y mediante lanzamientos a portería sin la oposición del contrario, aunque, lógicamente, una buena técnica en el control del balón y en el lanzamiento serán muy importantes en la competición, siempre que se integren en un contexto táctico, donde la situación y los desplazamientos de los compañeros y contrarios son determinantes.

...En los deportes con oposición y colaboración el aprendiz se relaciona con los objetos, con los compañeros y con más de un adversario, por lo que pueden aparecer niveles de relación de complejidad superior, ya que, por ejemplo, la relación entre dos oponentes puede depender de la situación de los compañeros y de otros contrincantes. El "dribling" en fútbol que básicamente es una tarea de oposición de uno contra uno, puede adquirir una nueva dimensión si las acciones de ambos contendientes son dependientes de la actuación de otro jugador, ya que el protagonista de la acción deberá estar pendiente de las de su oponente directo y del comportamiento de otros jugadores».

Finalmente y continuando con **Riera, Joan,** 1989, resumimos del «Epílogo» de su referenciada obra lo siguiente:

...«Todos nuestros esfuerzos serían vanos si se olvidaran tres aspectos fundamentales que resumen todas las principales ideas vertidas acerca de los procesos de aprendizaje y enseñanza:

En primer lugar, hemos reiterado que el aprendizaje de la técnica y la táctica suponen el establecimiento de nuevas formas de adaptación y de relación del deportista con el entorno específico de cada destreza deportiva. Por tanto, la conceptualización del aprendizaje como un proceso centrado en el aprendiz ha de sustituirse por un enfoque relacional, en el que la funcionalidad del aprendiz no puede analizarse con independencia de las propiedades del medio, de los instrumentos, de los objetos, compañeros y contrincantes.

En segundo lugar, el enseñante puede combinar infinidad de procedimientos para facilitar el aprendizaje. No hay una única solución ni un camino óptimo, ni una estrategia infalible a la que el enseñante pueda recurrir. La relatividad, la variedad, la adaptación y la riqueza de matices superan con creces las normas estrictas, los rígidos consejos y las recetas prefijadas. El proceso de enseñanza no puede reducirse a un número limitado de pasos estereotipados y repetitivos.

Finalmente, y no por ello menos importante ya que condiciona las anteriores afirmaciones, conviene recordar que el aprendiz es un ser creativo, que puede actuar con independencia de la intervención del profesor, y que puede influir y alterar cualquier propuesta de enseñanza. El aprendiz se relaciona global y unitariamente con las condiciones de la destreza... El que aprende es una persona, no un conjunto de articulaciones, músculos o sistemas mecánicos o biológicos.»

> «El enseñante puede facilitar el aprendizaje, pero el que tiene la clave del proceso de adquisición es el propio aprendiz»

4.8. OBSERVACIONES BASADAS EN EL TRABAJO PRÁCTICO CON JÓVENES FUTBOLISTAS

Aparte de que en la práctica es muy difícil determinar con claridad las partes y el todo, no podemos caer en el espejismo de que enseñando el fútbol exclusivamente de forma analítica, fraccionadamente, por partes, progresa más el aprendizaje, porque cuando esas partes ya dominadas, las pasamos a la acción total, se demuestran lagunas, puntos débiles y ciertamente, incapacidad para el juego real. En este punto conviene concretar, que en fútbol, «la parte es una división de la acción global y no de la acción motriz».

Hemos observado la existencia de "rellanos", "puntos débiles", en definitiva estancamiento, en jóvenes futbolistas inicialmente valorados con alto nivel de aptitud en cuanto a características psicofísicas requeridas para progresar en el fútbol y que dicho estancamiento pudiera ser debido, por lo menos en una buena parte, a una errónea aplicación de estrategia en la práctica.

- Unas veces por excesiva frecuencia del trabajo analítico, y otras, por aplicación de ese trabajo analítico, fuera de tiempo con relación a la edad y maduración del joven.

- En el otro extremo, la estrategia global, también suele ser aplicada con alarmante frecuencia (por comodidad y falta de organización del entrenamiento) en forma de simples «pachanguitas», es decir, juego colectivo complejo, improvisado y al que no se ha sabido incluir contenido formativo.

> Con estos errores no se logra el objetivo metodológico de formación integral de los contenidos deportivos.

En el fútbol la existencia de compañeros y adversarios, configuran un juego colectivo de cooperación y de oposición, y por ello, el proceso enseñanza/aprendizaje, tendrá concepción integral, llevando contenidos tanto de ejecución técnica, como sobre la conducta en cuanto a soluciones sobre el juego complejo. En los cuatro niveles: Benjamines, Alevines, Infantiles y Cadetes, la unidad de formación tendrá siempre composición técnico-táctica.

Cuadro n.º 5: RESUMEN PARA EL PROCESO ENSEÑANZA/APRENDIZAJE DE GESTOS TÉCNICO-TÁCTICOS Y CONDUCTAS TÁCTICO-TÉCNICAS DEL FÚTBOL

NIVEL	CONTENIDOS	ESTRATEGIA EN LA PRÁCTICA
BENJAMINES 8 y 9 Años	GESTOS TÉCNICO-TÁCTICOS INDIVIDUALES	GLOBAL: – Modificando la situación real para facilitar el aprendizaje. – Polarizando la atención. – Pura.
	CONDUCTAS: TÁCTICO-TÉCNICAS INDIVIDUALES	GLOBAL: – Modificando la situación real para facilitar el aprendizaje. – Polarizando la atención. – Pura.

NIVEL	CONTENIDOS	ESTRATEGIA EN LA PRÁCTICA
A L E V I N E S 10 y 11 Años	GESTOS TÉCNICO-TÁCTICOS COLECTIVOS BÁSICOS	GLOBAL: – Modificando la situación real para facilitar el aprendizaje. – Polarizando la atención. – Pura. MIXTA: Como complemento y para mejora de puntos débiles: – Global modificando la situación real para facilitar el aprendizaje. - Analítica – Global (La estrategia mixta: aplicar al final de la etapa, sobre 11 años y siempre en forma de juegos)
	CONDUCTAS: TÁCTICO-TÉCNICAS COLECTIVAS BÁSICAS	GLOBAL: – Modificando la situación real para facilitar el aprendizaje. – Polarizando la atención. – Pura.
I N F A N T I L E S 12 y 13 Años	GESTOS TÉCNICO-TÁCTICOS COLECTIVOS EN PRO-GRESIÓN	ANALÍTICA. GLOBAL: – Polarizando la atención. –Pura MIXTA: – Global modificando la situación real. – Analítica – Global polarizando la atención GLOBAL: – Polarizando la atención. – Pura.
	CONDUCTAS: TÁCTICO-TÉCNICAS COLECTIVAS EN PROGRESIÓN	MIXTA: – Global modificando la situación real. – Analítica – Global polarizando la atención GLOBAL: – Polarizando la atención. – Pura.
C A D E T E S 14 y 15 Años	GESTOS TÉCNICO-TÁCTICOS COLECTIVOS COMPLEJOS	ANALÍTICA. GLOBAL: – Polarizando la atención. – Pura.
	CONDUCTAS: TÁCTICO-TÉCNICAS COLECTIVAS COMPLEJAS	MIXTA: – Global modificando la situación real. – Analítica – Global polarizando la atención GLOBAL: – Polarizando la atención. – Pura.

NIVEL	CONTENIDOS	ESTRATEGIA EN LA PRÁCTICA
JUVENILES 16 - 18 Años	GESTOS TÉCNICO-TÁCTICOS COLECTIVOS COMPLEJOS	ANALÍTICA. GLOBAL: – Polarizando la atención. – Pura.
	CONDUCTAS: TÁCTICO-TÉCNICAS COLECTIVAS COMPLEJAS	MIXTA: – Global modificando la situación real. – Analítica – Global polarizando la atención GLOBAL: – Polarizando la atención. – Pura.

Como resumen complementario al cuadro n.º 5, diremos lo siguiente:

El fútbol está incluido dentro de las llamadas "tareas complejas de baja organización", por lo que son difíciles de abarcar en el proceso de enseñanza/aprendizaje.

Debe ser enseñado de forma global, pero las tareas son muy complejas para aplicar el tipo "global pura".

En **Benjamines** (8 y 9 años) y **Alevines** (10 y 11 años), proponemos abarcar las progresiones de forma global, modificando la situación real para simplificarla y en segundo lugar polarizando la atención, para ir enseñando los gestos técnico-tácticos y conductas táctico-técnicas, llegando a la práctica global pura.

En Alevines, puede incluirse la forma mixta (global-analítica-global y variantes).

En **Infantiles** (12 y 13 años), aparte de las que se incluyen, creemos que el joven futbolista ya alcanzó la edad en la que acepta las características del trabajo analítico y podemos aplicarlo para completar el desarrollo ordenado y sistemático de todos los gestos técnicos-tácticos.

La estrategia en la práctica mixta, puede ser adecuada en este nivel infantil, para conseguir una ordenada progresión de las conductas tácticos-técnicas.

En esta etapa, son compatibles las formas: Analítica, Mixta y Global.

En **Cadetes** (14 y 15 años), las formas Analítica y Mixta, seguirán aplicándose, incluso en mayor porcentaje. La estrategia analítica podría ser aplicada para perfeccionar y afinar los gestos técnico-tácticos y la mixta para perfeccionar la formación del joven futbolista en cuanto a capacidad compleja del juego. En esta etapa, seguimos considerando compatibles las formas: Analítica, Mixta y Global.

Dentro de la responsabilidad del entrenador como enseñante de fútbol en las edades referidas, recordemos que,

«Las relaciones que mejor se retienen son las que primero se aprendieron, mientras que las que se establecieron en último lugar son las primeras en olvidarse» (Riera, 1989).

Es decir, los errores que cometamos en la iniciación obligaría a reeducar, a volver a formar deportivamente al joven, y este posterior proceso de formación, tendría una limitada eficacia.

En todo caso, las aplicaciones propuestas y cualquier otra que se incluyan, carecerán de rigideces, y tendrán como referencia de limitación y precaución, el joven futbolista y sus circunstancias: nivel psico-físico, su maduración, su edad fisiológica.

Con relación a la columna de «Contenidos», nos hemos inclinado por las denominaciones: Gestos y Conductas, en sus distintas formas, por considerarlas más clarificadoras.

Si a partir del cuadro n.º 5, entráramos en desarrollar las actividades correspondientes a esos contenidos, incluiríamos en cada nivel y con la debida progresión:

- En cuanto a Gestos: Actividades, Juegos, Ejercicios, en los que sean dominantes las ejecuciones técnicas sobre la respuesta táctica.

- En cuanto a Conductas: en esas Actividades, los Juegos y Ejercicios, tendrán como dominante la respuesta táctica sobre la Ejecución Técnica.

Y en los ambos casos, sin desequilibrar la acción formativa de ninguna de las dos materias.

Por tanto, el repertorio para una formación metodológica sería el mismo que se ha practicado habitualmente en fútbol, pero con la gran diferencia de presentarlos a través de actividades que incluyan los dos contenidos en un mismo trabajo: Ejecución Técnica y Respuesta Táctica, con predominio de uno de ellos, según objetivos.

4.9. ORIENTACIONES METODOLÓGICAS

Giménez Fuentes-Guerra y Sáenz López, en su obra "Aspectos teóricos y prácticos de la Iniciación al Baloncesto (Wanceulen Editorial- 2003), a modo de pautas que guíen la actuación de los entrenadores, ofrecen las siguientes orientaciones metodológicas, aplicables también al fútbol:

- **EVOLUCIONAR DE LO SIMPLE A LO COMPLEJO.** Al principio de la sesión las actividades más simples, al final las más complejas. Igualmente debe ocurrir a medio y largo plazo, es decir, al comenzar el año realizaré más cantidad de actividades simples y, al terminarlo, más cantidad de complejas.

- **APRENDER JUGANDO.** El medio a través del cual los niños aprenden es el juego. Debemos potenciar el juego frente al ejercicio analítico.

- **APRENDIZAJES SIGNIFICATIVOS.** Para que los aprendizajes sean motivantes y se consigan con más eficacia, deben ser significativos para los niños, es decir, adecuados a sus intereses y a lo que ellos desean.

- **GLOBALIDAD.** Al empezar y al terminar cualquier aprendizaje debe hacerse de forma global, al principio como familiarización y al final como transferencia a situación real.

- **INTERDISCIPLINARIEDAD.** Las sesiones deben ser lo más integrales que nos permita nuestra capacidad. Es importante interrelacionar todos los contenidos del deporte través de actividades de oposición. En iniciación, podemos emplear otros deportes porque tendrán una transferencia positiva.

- **DESCUBRIMIENTO O MODELOS.** Una habilidad podemos aprenderla imitando un modelo o descubriéndolo. Nosotros, como educadores, tenemos la "obligación" de plantear situaciones en las que provoquemos que los jugadores/as aprendan las habilidades por sí mismos, sin mostrarles el modelo. Es decir, utilizar la indagación más que la instrucción directa.

- **INDIVIDUALIZACIÓN.** Cada niño es diferente, su personalidad o su ritmo de aprendizaje es distinto. Debemos respetarlos individualizando el proceso de enseñanza-aprendizaje. Logrando la máxima participación individual y ofreciendo situaciones en las que cada alumno/a desarrolle sus habilidades en función de su capacidad.

- **ADECUACIÓN DE MATERIALES Y NORMAS.** Es imprescindible adaptar las reglas, instalaciones y materiales a las características de los niños.

- **ACTITUD DE PACIENCIA Y CLIMA FAVORABLE.** Un ambiente positivo acelera el proceso de aprendizaje, por aumentar las ganas de aprender y por conseguir que los alumnos/as no tengan tensión por sus errores.

- **INFORMACIONES BREVES Y MUCHA PRÁCTICA.** En la enseñanza del deporte, se aprende practicando y no escuchando "los discursos" de los entrenadores/as. Por tanto, hay que dar la información suficiente, pero sin abusar, ya que nada sustituye a la práctica.

- **FOMENTAR EL CONOCIMIENTO DE RESULTADOS INTERNO.** Formando jugadores y jugadoras con capacidad de autoaprendizaje. Podemos hacerlo preguntándoles sobre su ejecución para que reflexionen internamente sobre como lo han hecho o cómo podrían mejorar, a través del conocimiento de resultados interrogativo.
- **UTILIZAR RECURSOS DIDÁCTICOS.** La variedad y calidad de recursos diferencia a un entrenador experto y eficiente de otro novato y aburrido.

Sería muy recomendable que al programar tuviéramos delante estas orientaciones para no olvidarnos de cumplirlas. De esta forma garantizaríamos un proceso de enseñanza-aprendizaje correcto.

Capítulo 5

METODOLOGÍA DEL ENTRENAMIENTO. EL PROCESO DE ENSEÑANZA/APRENDIZAJE BAJO UN MODELO COMPRENSIVO

En la obra, *"Metodología global para el entrenamiento del portero de fútbol"*, publicada por Wanceulen Editorial, en 2005, los Autores Sáinz de Baranda, Llopis y Ortega, analizan en su Capítulo 3, el proceso de enseñanza/aprendizaje del fútbol, en relación con los siguientes aspectos:

- Iniciación deportiva basada en la técnica.
- Iniciación deportiva basada en la táctica
- El proceso de enseñanza/aprendizaje bajo un modelo comprensivo
- Fases para llevar a cabo el proceso bajo la perspectiva constructivista

Con lo expresado por los referidos autores Sáinz de Baranda, Llopis Portugal y Ortega Toro (2005:pp 61-83) se forma el presente Capítulo (5.1 a 5.5).

5.1. CONSIDERACIONES PREVIAS

Al analizar las publicaciones sobre aspectos metodológicos que están apareciendo en los últimos años puede decirse, en términos generales, que se está produciendo un cambio en la forma de entender y llevar a cabo los procesos de enseñanza-aprendizaje de los deportes colectivos en general, y del fútbol en particular.

Durante las últimas décadas, la iniciación deportiva en su conjunto, se ha movido dentro de los cauces que ha marcado el aprendizaje de las habilidades técnicas, prestando una excesiva atención a la técnica deportiva al ser considerada como un factor fundamental del rendimiento y por la influencia que el entrenamiento de los deportes colectivos ha tenido de los deportes individuales (Giménez y Saénz-López, 1999; Romero, 2000).

Este modelo tradicional está basado en la importancia del aprendizaje de la ejecución técnica, para lo cual, como señalan Contreras y cols. (2001), los entrenadores han dividido sus entrenamientos en tres grandes parcelas: un calentamiento, una parte principal centrada en la enseñanza de habilidades deportivas específicas (aspectos técnicos) a través de procesos mecánicos y repetitivos; y finalmente un tercer apartado en el que el jugador aplica los conocimientos adquiridos de forma descontextualizada a una situación real de competición.

Sin embargo, en los últimos años en el fútbol se aprecia una corriente de autores que atribuyen a la táctica el papel principal en la enseñanza del juego (Cano, 2001; Castellano y Almeda, 2001; Del Castillo y Fradua, 2001; Garganta y Pinto, 1997; Grehaigne y Godbout, 1995; Lago, 2002; Martínez y Sáenz-López, 2000; Moreno del Castillo y Morcillo, 2004; Pacheco, 2004; Sainz de Baranda y cols., 2003; Wein, 1995), y que se materializa en la capacidad que el jugador revela en la toma de decisiones frente a los problemas o situaciones que se le plantean en el juego (Ardá y Casal, 2003).

Al tener en cuenta estas dos estrategias Morante (1995) diferencia dos alternativas para planificar la iniciación deportiva en el fútbol haciendo énfasis, bien en los aspectos técnicos, o bien en los tácticos.

5.2. INICIACIÓN DEPORTIVA BASADA EN LA TÉCNICA

La iniciación deportiva basada en la técnica hace énfasis en los "procedimientos de ejecución". En líneas generales consiste en la creación en el futbolista de una amplia base técnica sobre la cual sustentar posteriormente el pensamiento o la intención táctica. Por tanto, se pretende, en un primer momento, la adquisición de habilidades (pase, regate, tiro, controles...) a partir de progresiones metodológicas, atendiendo al grado de complejidad/dificultad de los movimientos que permitan al jugador dominar un extenso abanico de acciones técnicas; las cuales, a medida que se dominan, se van introduciendo paulatinamente en contextos de juego más amplios (próximos a situaciones reales de competición) buscando la adaptación inteligente, a nivel individual y colectivo, a las diferentes situaciones de juego que se presentan en los entrenamientos y en la competición.

La justificación y argumentos a favor de una iniciación deportiva basada en la técnica son:

1) Respeta el desarrollo evolutivo y las etapas sensibles en la formación del jugador, ya que en éste el desarrollo coordinativo (procedimientos de ejecución) precede en el tiempo a la maduración cognitiva (pensamiento táctico).

2) Respeta el principio general de aprendizaje de "evolucionar de lo simple a lo complejo" ya que en esta etapa, para los jugadores, es más fácil la ejecución del movimiento que la comprensión de intencionalidades tácticas.

3) Gracias al trabajo temprano de la técnica (correcta/eficaz ejecución de los gestos técnicos) se evita la adquisición/consolidación de vicios y defectos en la ejecución de las habilidades y movimientos específicos que posteriormente sería difícil y costoso subsanar.

4) El gran volumen de entrenamiento encaminado a la mejora de la técnica que tiene lugar en las primeras etapas de iniciación, favorece la rápida automatización de los movimientos, lo cual implica que el jugador puede ejecutarlos al tiempo que centra su atención/concentración en otros elementos del juego (análisis de la situación, valoración de intenciones de compañeros y adversarios) lo que, sin duda, facilita la posterior adquisición del pensamiento táctico.

5) Dado que la técnica (ejecución de movimientos) representa el soporte de la táctica (intenciones de actuación) y siendo, por tanto un factor limitante de ésta, convendrá que el jugador, en un principio, adquiera el dominio sobre un extenso repertorio de acciones técnicas que contribuirá directamente a ampliar el abanico disponible de soluciones tácticas.

6) Posibilita en el joven futbolista un mayor número de experiencias y contactos con el balón (objetivo prioritario en dicha etapa) ya que esta estrategia no emplea de manera exclusiva métodos globales de enseñanza sino que combina éstos con otros de tipo más analítico en las que los jugadores situados individualmente, por parejas o tríos, obtienen numerosas vivencias de actuación sobre el balón.

7) El temprano dominio técnico que posibilita esta estrategia permite o favorece el entrenamiento de los aspectos tácticos y de la condición física por medio de "estímulos técnicos específicos", lo que revierte en una mayor rentabilización del tiempo disponible para la preparación de los jugadores.

Esta propuesta de intervención se basa en las teorías de aprendizaje conductistas y en la utilización de tareas analíticas. La característica principal se centra en presentar una acción del juego aislándola del mismo, de forma que sólo tiene en cuenta alguno de los elementos que intervienen en la competición (fundamentalmente el balón). El jugador aprenderá, por tanto, aspectos parciales y aislados sin un sentido de globalidad cercano a la realidad del juego (Castillo, 2003).

El entrenador dicta al jugador lo que debe hacer, le da las soluciones y las hace repetir para alcanzar la perfección, trabajando a corto plazo. El jugador se limita, simplemente, a ejecutar el pensamiento del entrenador por lo que es éste el que hace la "lectura del juego" a sus jugadores (Yagüe, 1997). El proceso que se sigue normalmente a la hora de proponer una tarea es el siguiente:

- El entrenador explica y demuestra la acción técnica a trabajar o los movimientos tácticos a realizar.
- Suscita la copia del modelo.
- Solicita la comprensión del jugador.

Para Wein (1995) las ventajas de la utilización de las tareas analíticas son:

- Permite la mejora de objetivos y el perfeccionamiento de aspectos muy concretos.
- Se logra más fácilmente un elevado número de repeticiones de dicho objetivo, siempre que se aplique correctamente.
- Permite el trabajo de las habilidades visuales del portero.

Sin embargo, presenta también una serie de inconvenientes:

- Sólo incide en una de las múltiples posibilidades con las que se puede manifestar una acción, sea técnica, táctica o física.
- Las mejoras obtenidas no se manifiestan en su totalidad ya que en la competición se ven condicionadas por la presencia de compañeros y adversarios, que no han sido tenidas en cuenta en el entrenamiento, por lo que existen escasas posibilidades de transferir el aprendizaje técnico a la situación real de juego.
- Será difícil mantener la motivación, el interés y la capacidad volitiva (capacidad de superación, lucha, agresividad, etc.) del jugador durante un tiempo prolongado cuando se dedica la mayor parte del entrenamiento a la práctica de situaciones aisladas, a menudo, sin intervención de un contrario y sin el estímulo de la rivalidad entre los oponentes.
- Sólo incide en el mecanismo de ejecución, dejando a un lado el mecanismo de percepción y el de decisión, ya que se suelen presentar situaciones estables y en todo momento el jugador debe realizar acciones previstas y conocidas de antemano.
- Se estimula la dependencia del jugador hacia el entrenador, ya que este último es el que plantea las soluciones y las progresiones a realizar, lo que impedirá a muchos jugadores entender el juego en sus aspectos más básicos.

Según Wein (2004), quizás este método ha sido y es utilizado por muchos por ser menos exigente para el entrenador, ya que es mucho más fácil ensayar, demostrar, explicar y evaluar técnicas en situaciones estrictamente controladas y previsibles, que enseñar otros aspectos de igual importancia, como pueden ser la visión de juego, la anticipación, el entendimiento con un compañero, la toma de decisiones correctas, la capacidad de adaptarse constantemente a la nueva situación de juego, etc.

5.3. INICIACIÓN DEPORTIVA BASADA EN LA TÁCTICA

La iniciación deportiva basada en la táctica hace énfasis en los procesos de percepción y toma de decisión, sin olvidar el de ejecución, planteando un modelo de enseñanza-aprendizaje de carácter global. Este aspecto consiste en desarrollar en el futbolista el pensamiento táctico para, posteriormente, ir puliendo la ejecución de los gestos técnicos.

Como indica Méndez (1999) este enfoque contempla la técnica deportiva como un medio para realizar las acciones tácticas por lo que su enseñanza no se comprende como un objetivo en sí mismo, sino como solución motriz a un problema contextual. Inicialmente, en el proceso de enseñanza-aprendizaje se aplicarán técnicas de enseñanza poco directivas, mediante la indagación o búsqueda, a partir de juegos modificados y de la resolución de problemas contextuales que se generan, favoreciendo la capacidad para aprender a actuar (Contreras, 1998).

La estrategia de la iniciación deportiva basada en la táctica orienta el proceso de entrenamiento desde la óptica global del juego, buscando en un principio que el joven jugador asimile conceptos, ideas, procedimientos tácticos genéricos (ataque, defensa, cooperación, oposición, ayuda, etc.) a través del planteamiento de juegos amplios para, posteriormente, y de forma paralela, ir afinando y/o corrigiendo los procedimientos de ejecución, al tiempo que se plantean situaciones más reales de competición con el fin de que el jugador adquiera experiencias y conocimientos sobre aspectos tácticos individuales y colectivos más específicos (coberturas, relevos, desdoblamientos, permutas, etc.).

La justificación y argumentos a favor de una iniciación deportiva basada en la táctica son:

1) El fútbol se entiende como un "deporte de situación" debido a que la dinámica del juego viene caracterizada por situaciones continuamente cambiantes y por la gran incertidumbre que ocasionan la actuación de adversarios, compañeros, trayectorias que describe el balón, inestabilidad del medio, etc. Esta realidad elimina la posibilidad de emitir por parte del jugador respuestas estereotipadas y hace necesaria una constante toma de decisiones individuales y colectivas para adaptar la actuación del jugador-equipo a las necesidades concretas de cada momento.

2) En las edades de iniciación deportiva el principal estímulo que mueve al niño a practicar un deporte es la búsqueda de diversión en el entrete-

nimiento; el juego global y las situaciones reales de juego representan actividades mucho más atrayentes y motivantes que las tareas de repetición (de orientación más analítica) que le resultarán más monótonas.

3) La iniciación deportiva basada en la táctica posibilita que los jugadores desde sus primeros contactos con la actividad adquieran unas ideas claras sobre la lógica del juego que caracteriza la práctica del fútbol por medio de tareas globales que reproducen en gran medida las situaciones que el jugador se va a encontrar en los partidos, en las que existe una mayor proximidad y similitud con el juego real al que se pretende llegar; de esta forma se favorece la transferencia positiva hacia dichas situaciones reales de competición.

4) Estimula las relaciones entre los integrantes del grupo (cooperación entre compañeros y oposición frente a adversarios), potenciando el sentimiento de grupo y la idea de colectividad que debe presidir la práctica de este deporte.

5) Desarrolla los aspectos tácticos con el fin de crear unos cimientos y/o referencias de actuación individual y colectiva sobre los cuales sustentar futuros perfeccionamientos de la ejecución técnica. Atiende también al respeto de un principio básico de progresión en la enseñanza como es el de que primero los jugadores han de conocer qué es lo que deben hacer (intenciones tácticas) para posteriormente enseñarles cómo lo deben hacer (acciones técnicas).

6) El trabajo de los elementos tácticos con anterioridad al desarrollo de las formas de ejecución impide la especialización temprana de jugadores en funciones y puestos específicos según su grado de habilidad o nivel de dominio técnico, facilitando de esta forma que el joven futbolista obtenga experiencias de juego en todas las demarcaciones, permitiéndole un mejor y mayor conocimiento del tipo de actividad que se desarrolla en el juego en general, y en cada una de ellas en particular.

Esta propuesta de intervención se basa en las teorías de aprendizaje cognitivas y los métodos activos y, por lo tanto, en la utilización de tareas globales. La característica principal se centra en presentar una situación del juego en la que intervienen todos sus elementos (balón, compañeros y adversarios). Desde un primer momento se intentará situar al jugador ante el máximo número de vivencias y experiencias diferentes desde el propio juego, incitándolo a interpretar y adaptar sus respuestas continuamente, puesto que nunca se repiten situaciones motrices idénticas (Castillo, 2003).

Blázquez (1995), partidario de los métodos activos, a modo de síntesis, describe los principios esenciales de esta concepción metodológica:

- Partir de la totalidad y no de las partes. En el caso de los deportes de equipo, y del fútbol en particular, partir de la actividad total del grupo, considerándolo no como una suma de jugadores sino como un conjunto estructurado con vista a la realización de un proyecto común.

- Partir de la situación real o de juego. Es durante la propia competición donde surgen las verdaderas dificultades. El partido es el motor esencial que obligará a los jugadores implicados a buscar las soluciones adecuadas.
- El entrenador deberá situar al jugador, de forma individual o grupal, ante situaciones problema que partan del propio juego.
- Las acciones técnicas corresponden a un comportamiento grupal. La técnica debe ser deducida y adaptada a partir de la situación de competición y corresponderá a su nivel, no pretendiendo alcanzar únicamente respuestas estereotipadas.

En un principio, mediante la utilización de esta metodología, el entrenador no solamente trabaja los desplazamientos y las acciones técnicas sino también los procesos mentales que permitan al jugador solucionar las dificultades generadas por los adversarios y las reglas del juego, así como para colaborar con los compañeros en esta solución (Yagüe, 1997).

Para Wein (1995) las ventajas de la utilización de las tareas globales son:

- Se trabajan simultáneamente aspectos técnicos, tácticos, físicos e incluso psicológicos, de una manera integrada como luego son solicitadas en competición.
- Al incluir todos los elementos del juego, la mejora obtenida en el entrenamiento se refleja más rápidamente en la competición, por lo que se consigue una transferencia positiva del entrenamiento a la competición.
- Se consigue un gran nivel de motivación en los jugadores.
- Se desarrolla al máximo el mecanismo de percepción ya que las situaciones que se van a presentar son imprevisibles, por lo que será necesario que el jugador perciba rápida y correctamente las continuas variaciones producidas por el movimiento del balón, compañeros y adversarios.
- Se desarrolla al máximo el mecanismo de decisión, debido a que tras percibir los estímulos que modifican las situaciones del juego, se hace necesario que el jugador realice un análisis y decida como la va a resolver.
- Se desarrolla el mecanismo de ejecución con un sentido táctico, aplicando el gesto técnico según la situación de juego.

- Se estimula el desarrollo de jugadores creativos, ya que este último es el que debe plantear las soluciones y las progresiones a realizar.

Como inconveniente de la utilización de tareas globales, los diferentes autores plantean que no se incide en aspectos tan concretos como en las analíticas, sin embargo, desde nuestro punto de vista creemos que este aspecto si puede ser desarrollado mediante la utilización del método global, aunque será necesario que el entrenador domine la utilización y manipulación de las herramientas de las que dispone, para focalizar el trabajo en un aspecto concreto que posibilite que el objetivo planteado se lleve a cabo.

Sin embargo, ninguna de estas dos estrategias debe entenderse como un posicionamiento "puro" o "extremo" ya que la planificación y el desarrollo del proceso de enseñanza-aprendizaje puede beneficiarse de las dos vertientes. Además, no se debe caer en el error de pensar que plantear tareas globales en los entrenamientos va a ser suficiente para el correcto desarrollo del jugador, ya que se puede estar jugando un 4x4 con el objetivo de mejorar el golpeo de cabeza y tener a 2 jugadores que casi no tocan el balón y observar que no se realiza ningún remate de cabeza, por lo tanto los jugadores no se estarán beneficiando del método global ya que no se está cumpliendo el objetivo.

Por ello, el entrenador además de plantear los objetivos a desarrollar en cada etapa, debe diseñar y analizar cuidadosamente las tareas antes de ponerlas en práctica, para garantizar que van a incidir sobre el/los aspecto/s a desarrollar y no otros y, en cada sesión valorar si con las tareas seleccionadas se cumplen los objetivos, modificando si es necesario la dificultad de la tarea, bien con una variante o bien proponiendo una nueva tarea.

Además, si entre otras cosas, el proceso de iniciación deportiva implica, por una parte, el desarrollo progresivo del pensamiento táctico para resolver los problemas que surgen durante el juego al tratar de alcanzar el objetivo (¿qué hacer?, ¿para qué?) por la otra, también supone el desarrollo paulatino de la capacidad de realizar las acciones elegidas (¿cómo hacerlo?) de manera cada vez más eficiente. El entrenador, independientemente de la intervención didáctica utilizada debe hacer comprender al jugador y al portero el sentido y la finalidad de lo que aprenden para darle un valor funcional, con el objetivo de que el jugador pueda ser autónomo y autosuficiente.

5.4. EL PROCESO DE ENSEÑANZA-APRENDIZAJE BAJO UN MODELO COMPRENSIVO

La propuesta que se plantea a continuación debe ser entendida bajo un prisma de análisis y crítica, cuyo objetivo final no es aportar una simple receta que guíe el proceso de enseñanza-aprendizaje, sino provocar en el lector una reflexión crítica a partir de la cual diseñar su propio modelo de enseñanza-aprendizaje.

Con el objetivo de responder a la pregunta de ¿cómo enseñar?, a finales de la década de los ochenta empiezan a aparecer una multitud de trabajos de investigación que intentan encontrar modelos de enseñanza-entrenamiento alternativos a las propuestas tradicionales basados en el enfoque técnico.

Como respuesta a estos modelos técnicos, diferentes autores (Bayer, 1986, 1992; Blázquez, 1986, 1995; Cárdenas, 1999, 2000, 2003; Castejón y López, 1997; Contreras y cols. 2001; Devís, 1995, 1996; Hernández Moreno, 1994; Pintor, 1989; Ruiz Pérez, 1994, 1996; Thorpe, 1992; Wein, 1995) establecen propuestas alternativas, que tienen como denominador común la necesidad de dar mayor importancia en el proceso de enseñanza a los aspectos cognitivos, fomentando el uso de tareas globales, cercanas al contexto real de juego, con el objetivo de que el jugador comprenda y entienda el ¿cómo?, el ¿cuándo?, el ¿por qué? y el ¿para qué? de cada una de los contenidos objeto de entrenamiento.

Dentro de la enseñanza comprensiva aparece un modelo que busca el aprendizaje significativo y que centra el proceso de enseñanza-aprendizaje en el propio jugador; este modelo, denominado constructivista, se plantea como uno de los más adecuados para aplicarlo en el campo del deporte.

Desde un punto de vista general Marchesi y Martín (1999) definen el concepto constructivista del aprendizaje como *"un proceso de modificación, ampliación y enriquecimiento de los esquemas de conocimiento del alumno como consecuencia de la actividad mental"* (p.323); apreciándose en esta definición uno de los aspectos determinantes en el constructivismo: la participación activa del alumno. Bajo este modelo el alumno no será un mero receptor de información, sino que se convierte en el "constructor" de sus aprendizajes, siendo la función del entrenador la de actuar como mediador entre el nuevo conocimiento y el jugador, con el objetivo de favorecer la realización de aprendizajes significativos llenos de sentido y comprensión. La enseñanza será concebida por el entrenador como un medio de ayuda a la actividad mental constructiva del alumno (Marchesi y Martín, 1999).

Las características distintivas del constructivismo son que:

- El jugador es el responsable último de su proceso de aprendizaje; por lo tanto el entrenador deberá favorecer que sea el propio jugador quien vaya construyéndolo involucrándole activamente en el proceso.

- Se deben generar en los jugadores procesos reflexivos que les permitan comprender y/e integrar en su estructura cognitiva los nuevos conceptos que se le presentan, comparándolos con los esquemas previos que posee favoreciendo el conflicto cognitivo.

- Requiere que el aprendizaje se ajuste a las necesidades y características de cada contexto particular en un intento de que dicho aprendizaje resulte significativo y funcional al jugador. Destaca la importancia de que se parta de aquello que ya se conoce y de sus experiencias, tratando de relacionar entre sí los nuevos aprendizajes.

- Contempla el aprendizaje no como algo exclusivo del jugador sino de un modo compartido con el profesor-entrenador que le ayudará actuando de facilitador, mediador y regulador del aprendizaje, teniendo en cuenta lo que significan y representan los nuevos contenidos dentro de unos conocimientos previos al propio proceso de construcción.

Por lo tanto, como se indica en la última característica, el papel que juega el entrenador en el proceso de enseñanza–aprendizaje estará muy orientado hacia la construcción y dirección de tareas o ejercicios adecuados (ver figura de la página siguiente), ya que si un adecuado proceso exige que el jugador tenga que experimentar, descubrir y construir posibles soluciones a los problemas que la tarea exige, la construcción de una adecuada tarea permitirá lograr que el niño consiga o no el objetivo deseado.

De igual forma, la intervención del entrenador durante la realización de las tareas será la otra clave para lograr que un ejercicio esté bien diseñado, debido a que si el entrenador inicialmente plantea soluciones muy concretas a problemas muy específicos estará limitando la capacidad de que el joven deportista aprenda por si mismo cuáles son las posibles soluciones. Por el contrario, un proceso de intervención en el que el entrenador fomente la búsqueda de soluciones y la reflexión en el joven deportista facilitará que el jugador y el portero interioricen y regulen de forma autónoma las nuevas capacidades. A partir de preguntas, instrucciones, orientaciones, etc., el entrenador facilitará que el jugador reorganice sus esquemas de conocimiento construyendo otros más elaborados que le permitan solucionar el problema (Marchesi y Martín, 1999).

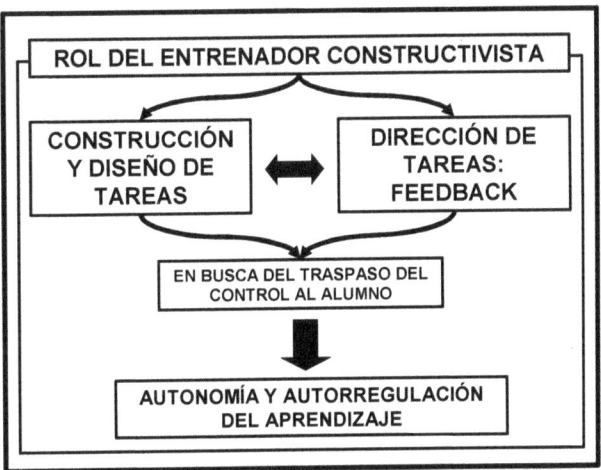

Papel del entrenador en el modelo de enseñanza-aprendizaje constructivista.
(Sainz de Baranda, Llopis y Ortega-2005)

5.5. FASES PARA LLEVAR A CABO EL PROCESO DE ENSEÑANZA-APRENDIZAJE BAJO LA PERSPECTIVA CONSTRUCTIVISTA

Para conseguir un adecuado proceso de enseñanza–aprendizaje deportivo, no será suficiente con diseñar tareas aisladas que cumplan los principios metodológicos que serán señalados posteriormente, sino que será necesario seguir un proceso en el que enlazando dichas tareas el entrenador ayude a que el joven jugador aprenda por sí mismo a solucionar infinidad de problemas de multitud de formas.

Dentro de la actividad física y el deporte, se aprecian diferentes fases que distintos autores plantean para estructurar el proceso de enseñanza–aprendizaje bajo un modelo constructivista basado en el aprendizaje comprensivo (Cárdenas, 2000, 2003; Contreras y cols. 2001; Marchesi y Martín, 1999). Sin pretender entrar en señalar, definir y diferenciar las diferentes fases que proponen estos autores, sí que nos resulta de elevado interés reseñar las fases de intervención didáctica propuestas por Cárdenas (2000, 2003). En concreto, este autor estable ocho fases, si bien, será el propio ritmo de aprendizaje del deportista, las características de los sujetos y las necesidades concretas de cada etapa evolutiva, los responsables directos de que se empleen todas las fases o algunas de ellas no sean necesarias.

En la figura siguiente, se aprecia de forma resumida las fases de intervención diseñadas por Cárdenas (2000):

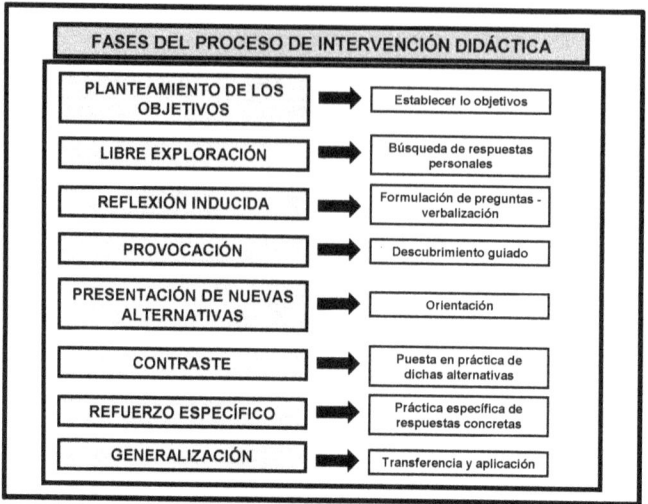

Enseñanza constructivista: Fases de intervención (Tomado de Cárdenas, 2000).
Citado por Sainz de Baranda, Llopis y Ortega -2005)

1ª Fase: Planteamiento de los Objetivos.

Esta fase consiste en aportar información inicial sobre los objetivos y condiciones de práctica. Esta información inicial deberá realizarse bajo un planteamiento claro, concreto y significativo (Delgado, 1991, citado en Giménez y Sáenz-López, 1999). Según Cárdenas (2003) *"es una fase de intervención por parte del entrenador que no conlleva práctica alguna por parte de los jugadores"* (p.31).

2ª Fase: Libre exploración.

La segunda fase propuesta por Cárdenas (2000, 2003), se corresponde con el uso de tareas globales en las que, a través de una libre exploración, el jugador juegue de forma natural, espontánea y vaya tomando conciencia del contexto del juego real, así como de los problemas y necesidades que éste plantea.

3ª Fase: Reflexión inducida.

Tras la fase de libre exploración inicial mediante el uso de tareas globales Cárdenas establece la necesidad de que el entrenador fomente la reflexión sobre el joven jugador, de manera que a través del uso de feedback reflexivo (en forma de interrogación) oriente al jugador hacia el foco de atención, con el objetivo de que descubra determinados aspectos del juego y establezca procedimientos de actuación para resolver de forma eficaz los diferentes problemas planteados.

4ª Fase: Provocación.

A través de juegos con normas (normas de prohibición, de obligación y normas que sobrevaloran la aparición de conductas), se diseñarán tareas en las que se modificarán las condiciones del juego.

Con el objetivo de provocar la práctica de conductas de juego específicas, y dentro de un marco de la enseñanza-aprendizaje constructivista, creemos de mayor utilidad el uso de juegos con normas que sobrevaloran la aparición de determinadas conductas, que los juegos con normas que obligan o prohíben determinados aspectos ya que:

- Resulta más interesante, sobre todo en la iniciación deportiva, "fomentar" que "obligar", pues el concepto de obligación y/o prohibición limita la capacidad creativa del joven jugador.
- El imponer una norma, de alguna manera, supone que el adversario conoce dicha norma y actuará en función a ésta y, por lo tanto, será más difícil conseguir la aparición de un elevado número de acciones objeto del ejercicio.

5ª Fase.- Presentación de nuevas alternativas.

Solamente en el caso de que el joven jugador no haya mejorado lo suficiente con las fases anteriores, el entrenador focalizará aún más la atención del jugador, "*sobre los índices relevantes de información y sus repercusiones sobre la acción de juego, pero de forma independiente, reduciendo con ello la cantidad de información a prestar*" (Cárdenas, 2003, p.34).

En este sentido Cárdenas señala la necesidad de que el entrenador proponga soluciones concretas a los diferentes problemas con los que se encuentra el jugador, pudiendo presentar dichas soluciones de dos formas: a través de orientaciones verbales acompañadas, o no, de demostraciones, o a través de estrategias en las que se asocia un estímulo a una respuesta (tabla 20).

Por ejemplo, cuando se trabajen las salidas 1x1 ante balones divididos, el portero debe llegar a la siguiente conclusión: en aquellas situaciones en las que tras un pase al espacio entre el portero y la línea defensiva, si el balón lleva una trayectoria rasa, el jugador si contacta antes que el portero con el balón realizará un tiro a puerta raso; por el contrario si el balón lleva una trayectoria alta (con bote previo), el jugador si contacta antes que el portero con el balón realizará un tiro a puerta alto (por encima de la posición del portero). Por lo tanto, la salida del portero y la posición corporal de oposición será diferente.

Así, el entrenador puede directamente a través de orientaciones verbales acompañadas de demostración o no, plantearle la solución directamente al portero. O, por el contrario, plantear una tarea tras las cuales el portero asocie un estímulo a una respuesta, para que tras la práctica y la reflexión llegue a la misma conclusión. Ver el siguiente ejemplo:

Ejemplo de tareas en las que el entrenador propone soluciones concretas a problemas concretos.

TIPO DE ACCIONES	TAREA EJEMPLO	REPRESENTACIÓN GRÁFICA
ESTRATEGIAS DE ASOCIACIÓN ESTÍMULO-REPUESTA.	Situación: 6x4 + 1 portero neutral. Descripción: Se juega un 6x4, pero con un espacio semiprohibido, en el que sólo podrán entrar los jugadores en posesión de balón. 1. Primero, únicamente pueden entrar mediante la realización de un pase raso. 2. Después, únicamente pueden entrar mediante la realización de un pase alto. El portero debe permanecer en el área de meta hasta que se realice el pase. Objetivo: mejora del 1x1 ante balones divididos, en situaciones donde el atacante gana la espalda al defensor. Trabajo de la cobertura táctica del portero. Trabajo de las salidas a los pies. Feedback reflexivo: en este tipo de situaciones (semejantes al fuera de juego) ¿la posición corporal en la salida es igual?.	

En este sentido, entendemos que a menor edad o nivel de juego, el entrenador deberá aportar menor número de orientaciones de carácter demostrativo, planteando tareas en las que el niño pueda entender y descubrir por si solo las posibles soluciones a los distintos problemas, sin que el entrenador aporte la solución. En etapas superiores, y debido a la riqueza que conlleva el juego del fútbol, en general, y del portero en particular, y solamente en el caso de que el joven jugador no haya logrado de forma adecuada un determinado objetivo, el entrenador propondrá soluciones concretas a problemas concretos.

6ª Fase: Fase de Contrastación.

Una vez llegado a este punto el entrenador volverá, al igual que en la fase 2, a diseñar tareas de carácter global con oposición en las que el joven jugador vuelva a experimentar y pueda contrastar lo aprendido. Previo a esta fase, el jugador ha acumulado una gran cantidad de experiencias de juego lo que debería permitirle, al enfrentarse de nuevo a tareas globales, aumentar su repertorio táctico, pudiendo solucionar de forma eficaz mayor cantidad de problemas.

En esta fase el alumno reestructurará, organizará y aplicará los nuevos conocimientos y experiencias vividas en el juego.

7ª Fase: Fase de Reforzamiento específico.

Según Cárdenas (2003), el procedimiento seguido hasta esta fase puede que sea suficiente para la adquisición de determinadas habilidades específicas del deporte practicado, tanto desde la perspectiva técnica, como desde la perspectiva táctica.

Por lo tanto una vez alcanzado esta fase, es decir, una vez que a través de propuestas de tareas globales en las que el jugador entienda el ¿por qué?, el ¿cuándo?, el ¿cómo?, etc. de cada una de las habilidades a adquirir, será el momento ideal para automatizar y pulir determinados aspectos técnicos, si es que, llegados a esta fase, no se ha conseguido una mejora suficiente desde el punto de vista motriz.

En este sentido, cabe reseñar lo indicado en la fase de presentación de nuevas alternativas, y es que en edades tempranas este reforzamiento específico estará muy limitado en su aplicación, de manera que únicamente, si se tuviera que utilizar, se utilizará a través de juegos, y excepcionalmente de manera específica en aquellas habilidades en las que se aprecien excesivas deficiencias motrices.

8ª Fase: Fase de Generalización.

Finalmente el entrenador, deberá plantear situaciones de enseñanza-aprendizaje en las que los alumnos puedan aplicar los aprendizajes construidos a otras situaciones y contextos de juego, en un intento por conseguir una adecuada transferencia.

5.6. PRINCIPIOS METODOLÓGICOS PARA UN ADECUADO DISEÑO DE TAREAS EN LA INICIACIÓN DEPORTIVA

El diseño de las tareas constituye el apartado más importante para lograr un adecuado proceso de enseñanza-aprendizaje en el joven deportista. Si un entrenador es capaz de diseñar tareas de enseñanza adecuadas, seguramente provocará los aprendizajes deseados a pesar de no dominar otras pautas de intervención (Cárdenas y Alarcón, 2004).

Como indican Ardá y Casal (2003) la tarea será el principal medio que va a concretizar el entrenamiento deportivo, la estructura base de todo el proceso responsable de la elevación del rendimiento del jugador y del equipo, y su selección determinará la eficacia de la sesión. Además, las tareas serán los elementos fundamentales que el entrenador tiene para transmitir sus ideas al equipo y al jugador. Por tanto, la selección de tareas constituye el primer problema que el entrenador debe solucionar a la hora de diseñar una sesión de entrenamiento, la cual debe responder de una forma adecuada a las exigencias de unos objetivos determinados.

Para diseñar tareas en la iniciación deportiva, que comienza en el instante en el que el jugador toma contacto por primera vez con el deporte, se deben respetar una serie de principios pedagógicos, didácticos, psicológicos y metodológicos que garanticen un proceso de formación integral de los niños que en numerosas ocasiones pasan desapercibidos, simplemente porque el entrenador tiene en mente un único objetivo: "GANAR" (Águila, 2000; Blázquez,1995; Cárdenas, 1999; Cárdenas y Alarcón, 2004; Cruz y cols. 1996; Delgado 1990, 1995; Feu, 2001; Fraile, 1997; Gutiérrez, 1998; Lozano, 2001; Pieron 1988; Pila, 1988; Sánchez, 1986; Seybold, 1976).

De entre todos ellos, creemos necesario destacar el principio de totalidad, el principio de máxima participación y el principio de satisfacción deportiva (Ortega y cols., 2002 y Ortega y Sainz de Baranda, 2002), enmarcados en un contexto educativo que gire en torno a un aprendizaje reflexivo, significativo y constructivista.

Cuando el entrenador diseña una tarea deberá intentar que el joven jugador mejore técnica, táctica, psicológica, física, biológica y teóricamente; además deberá lograr que participe de forma activa y satisfactoria durante la mayor parte del ejercicio, bajo un aprendizaje significativo y reflexivo en el que el joven jugador sea el protagonista principal de su aprendizaje (ver la siguiente figura).

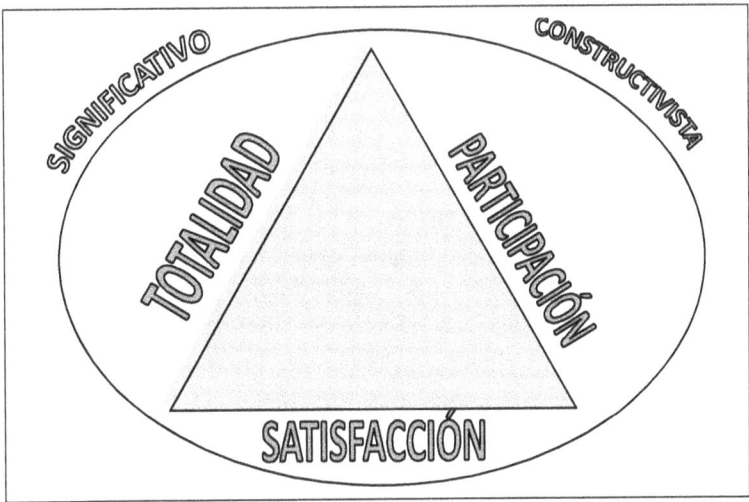

Principios metodológicos para un adecuado diseño de tareas en la iniciación deportiva.

1.- Principio de Totalidad.

Desde un punto de vista general, diferentes autores señalan que el proceso de enseñanza-aprendizaje de un deportista debe contemplar diferentes parcelas; en concreto el entrenador deberá preparar al futbolista desde un punto de vista técnico, táctico, psicológico, físico, biológico y teórico.

El principio de totalidad señala que el deportista actúa como un todo, y cuando el joven futbolista realiza un determinado ejercicio, éste estará provocando una respuesta concreta a nivel técnico, táctico, psicológico, físico, biológico y teórico. Es posible focalizar la atención en cada una de las parcelas del entrenamiento, pero incluso en esas situaciones es prácticamente imposible que la intervención del resto sea nula. Por lo tanto, cuando un entrenador diseña una tarea debe conocer como afectará en cada una de las parcelas del entrenamiento.

El entrenador deberá diseñar tareas globales en las que, a pesar de tener un objetivo concreto, el joven deportista mejore técnica, táctica, física, teórica, biológica y psicológicamente. En concreto el entrenador deberá diseñar tareas en las que el futbolista tenga que:

1. <u>Percibir</u> los diferentes estímulos existentes dentro del contexto del juego deportivo; en concreto el jugador deberá percibir distancias, espacios libres, espacios ocupados, velocidades de compañeros, de adversarios, el lugar que ocupa el móvil, etc.

2. <u>Toma de decisiones;</u> en segundo lugar, tras las interpretaciones de la percepción el jugador tendrá que producir una solución mental ante el problema planteado.

3. <u>Ejecutar determinadas conductas;</u> finalmente el jugador tendrá que ejecutar un determinado gesto motriz.

4. <u>Soportar determinadas cargas físicas durante el ejercicio</u> (preparación física). El entrenador deberá conocer que tipo de carga física se está aplicando cuando se diseña una tarea, de manera que sean cargas físicas que supongan adaptación en el niño, pero adaptadas a las necesidades y prioridades del joven futbolista. El niño deberá realizar diferentes tipos de desplazamientos, saltos, lanzamientos, recepciones, caídas, etc.,

5. <u>Soportar determinadas cargas psicológicas.</u> El niño deberá entrenar aspectos tan importantes como la concentración, la atención dividida, el control del estrés, etc., por lo que el entrenador deberá incluir en el diseño de la tarea la mejora de las diferentes variables psicológicas.

6. <u>Mejorar los conocimientos teóricos</u> del deporte (entrenamiento teórico).

7. <u>Mejorar aspectos biológicos</u> a través de la formación de hábitos higiénicos saludables (alimentación, hidratación, higiene postural, etc...).

Aunque todos estos factores deberán trabajarse de manera simultanea, Cárdenas (1999), Conde y Delgado, (2000), Feu (2001), Giménez y Sáenz-López,(1999), Ortega y Sainz de Baranda (2002) y Pintor (1997), señalan la necesidad de hacer hincapié en la mejora de la capacidad de percepción y toma de decisión, debido al carácter cambiante de los deportes colectivos de oposición-colaboración, y al objetivo de lograr formar jugadores que entiendan en todo momento el por qué de las acciones que están realizando.

Para ello, se deben plantear sesiones con un gran volumen de tareas en las que la mejora de los procesos de percepción y toma de decisión estén presentes y sean protagonistas, con una presencia de gran cantidad de estímulos, principalmente estímulos semejantes a los de la propia competición, sin olvidar la necesidad de integrar la formación biológica, teórica, psicológica y física dentro de las sesiones.

2.- Principio de máxima participación.

El aprendizaje motor es el resultado de un conjunto de experiencias vividas que son insustituibles, y que justifican que en las primeras etapas una de las mayores preocupaciones del entrenador sea el incremento del tiempo disponible para la práctica, el tiempo de compromiso motor de la sesión, así como del tiempo empleado en la tarea (Cárdenas, 2000; Castejón, 1995; Giménez y Sáenz-López, 1999; Ortega, 2004; Ortega y cols., 1999; Pieron, 1988; Pintor, 1987; Ruiz, 1995, 1997; Rukavina, 1998; Tinberg, 1993). Si no se práctica durante los entrenamientos será difícil adquirir una determinada destreza en la competición (Cruz, 1997; Lago, 2001a; Lorenzo y Prieto, 2002; Ortega, 2004; Ruiz Pérez, 1997; Ruiz Pérez y Sánchez Bañuelos, 1997; Rukavina, 1998; Tinberg, 1993). Hay que pensar que, independientemente de otros factores, es obvio que a mayor tiempo dedicado a la práctica mayores probabilidades de obtener resultados positivos en el proceso de enseñaza-aprendizaje. Tal como señalan Ruiz Pérez y Sánchez Bañuelos (1997) la práctica conlleva a la perfección y *"si se quiere conseguir un rendimiento elevado es imprescindible practicar, practicar y practicar"* (p.201).

En este sentido, Pieron (1988) enfatiza la necesidad de un amplio tiempo de actividad para lograr mayores progresos en los jugadores, pero de igual forma destaca la importancia de la calidad de la práctica frente a la cantidad. Para este autor la variabilidad constituye uno de los factores que enriquecen la práctica y facilitan el aprendizaje. De igual forma, Ruiz Pérez (1995) señala que uno de los factores más importantes para el desarrollo de la competencia motriz es el volumen de práctica, siempre y cuando esté acompañada del concepto de variabilidad.

Schmidt (1975, citado en Ruiz Pérez, 1995), a través de "la hipótesis de la variabilidad", ya señalaba que aumentando la cantidad o variabilidad de las experiencias previas se consiguen unos esquemas más potentes, es decir, que tan importante es la cantidad de práctica a realizar como el tipo, y añade que *"la práctica variable parece ser un poderoso factor del aprendizaje motor infantil* (Schmidt, 1988, p.394).

Por lo tanto, *"aunque la realización de un movimiento esté basada en un programa motor, su ejecución siempre estará sujeta a una serie de modificaciones adaptativas que afectarán a los parámetros de la acción, según sea la situación y el momento concretos en que la ejecución se va a producir"* (Ruiz Pérez y Sánchez Bañuelos, 1997, p.212).

Parece claro, y aceptado por la mayoría de expertos consultados en aprendizaje motor, sobre todo en deportes colectivos, que el deportista al realizar la tarea aleatoriamente tiene que reconstruir sus acciones más que recordarlas, lo que favorece su retención, mientras que al practicar de forma repetida la solución es memorizada más que reconstruida.

Esta propuesta la resume de forma extraordinaria Bernstein cuando señala que *"el proceso de práctica para adquirir un hábito motor, consiste esencialmente en un éxito progresivo en la búsqueda de soluciones motrices óptimas a los problemas concretos. Por esta razón, cuando se lleva a cabo de manera adecuada, no consiste en repetir los medios para solucionar un problema motor una y otra vez, sino que consiste en un proceso de solucionar dicho problema una y otra vez por medio de técnicas que cambiamos y perfeccionamos de repetición en repetición"* (1967, citado por Ruiz Pérez, 1995, p.94).

De igual forma, Cárdenas (2003), Contreras (1998), Lago (2001b), Le Boulch (1991) y Ruiz Pérez (1997), entre otros, argumentan que la práctica no debe consistir en una simple repetición mecánica del movimiento a aprender, sino que debe ser una repetición en la que el joven deportista esté plenamente implicado en el proceso de construcción de la habilidad. En este sentido existen diferentes y variados elementos que pueden y deben ser modificados dentro del deporte del fútbol. Dichas modificaciones y, por lo tanto, incrementos en la variabilidad de la práctica, se deberán realizar de forma controlada y planificada por el entrenador en las sesiones de enseñanza o entrenamientos.

En este sentido dentro de las sesiones de entrenamiento, se debe reflexionar sobre la importancia de buscar organizaciones eficaces que permitan por un lado fomentar la variabilidad en la práctica, y por otro lado aumentar el tiempo de práctica y en consecuencia disminuir el tiempo dedicado a las explicaciones, a la organización de los jugadores en la tarea y/o a la organización del material, tiempos que en muchas ocasiones aumentan al cambiar varias veces durante el mismo entrenamiento de tareas, normalmente utilizando diferentes espacios, materiales, o cambios en la organización del grupo como por ejemplo de situaciones colectivas a individuales, de parejas a tríos, etc.

Si normalmente el tiempo de entrenamiento de una sesión en fútbol base suele oscilar entre los 60 minutos y los 90 minutos, con una frecuencia de 2 a 3 sesiones a la semana, será muy importante la correcta planificación de los objetivos a trabajar en la sesión, las tareas a utilizar para su desarrollo así como la correspondiente organización, ya que el tiempo útil del que dispone el entrenador será muy pequeño (180-210 minutos).

Si cómo entrenadores pretendemos evaluar la eficacia a la hora de plantear las sesiones, tenemos que conocer los distintos tiempos que se pueden dar en un entrenamiento (Pieron, 1988):

- <u>Tiempo útil</u>: tiempo funcional desde que el entrenador comienza hasta que acaba la sesión.
- <u>Tiempo disponible para la práctica</u>: dentro del tiempo útil, el entrenador invierte una parte en explicar las actividades o en organizar el material. El tiempo que queda es el tiempo disponible real para poder practicar.
- <u>Tiempo de compromiso motor</u>: es aquel en el que el jugador participa activamente. Sin embargo, no todo el tiempo que un jugador está realizando una tarea está practicando, puesto que puede estar esperando en

una fila mientras que algunos compañeros practican. A este tiempo se le denomina también tiempo de participación.
- <u>Tiempo empleado en la tarea</u>: es aquel tiempo de compromiso motor que está directamente relacionado con los objetivos o aprendizajes deseados en la sesión.

De igual forma, el entrenador debe tener en cuenta otras variables que pueden incidir sobre el tiempo de práctica real de la sesión y que deberán disminuir, sobre todo las que deriven de una mala organización o su incompleta asimilación (Alarcón y cols., 2004):
- <u>Tiempo de agrupación</u>: desde que se llama a los jugadores hasta que están organizados para oír la explicación.
- <u>Tiempo de explicación</u>: tiempo en el que se explica la actividad o tarea a realizar.
- <u>Tiempo de correcciones</u>: tiempo en el que los jugadores reciben información sobre la realización de la tarea, tras interrumpir la misma. La información que el entrenador puede dar dentro de este tiempo de corrección puede deberse a dos causas, la primera debido a los errores que se cometen durante la tarea debido a la dificultad que pueden presentar la organización y dinámica de la misma; y la segunda debido a la información correctiva que utiliza el entrenador durante o después de la realización de la tarea. En cualquier caso, los jugadores no estarán ejecutando la actividad.

Esto no quiere decir que el entrenador tenga que disminuir la frecuencia de feedback (información) hacia los jugadores, ya que será una de las claves para que el niño consiga un aprendizaje significativo, si bien, el tipo de feedback que debe predominar para dicho aprendizaje deberá ser de tipo interrogativo, no aportándole inicialmente la solución sobre la forma de ejecutar una determinada tarea, sino planteándoles preguntas para que de forma reflexiva descubran y entiendan el por qué y el cómo solucionar los diferentes problemas que se plantean en las distintas tareas o ejercicios.

Con el objetivo de incrementar el tiempo disponible para la práctica, el tiempo de compromiso motor de la sesión, así como del tiempo empleado en la tarea, Giménez y Sáenz-López (1999) establecen la siguiente propuesta:

A) Para aumentar el tiempo disponible para la práctica (tiempo total de la sesión menos el tiempo relacionado con la organización y explicación de las tareas).
- Minimizar el tiempo de presentación de la tarea.
- Reducir el número de actividades, si bien, éste nunca deberá ser escaso para evitar la motivación en la variedad; por lo tanto se

utilizarán variantes de ejercicios anteriores, en lugar de nuevos ejercicios.
- Conseguir un sistema de señales eficaz.
- Si existe más de un entrenador, organizar la siguiente actividad, mientras los deportistas están practicando la previa.
- Lograr una correcta posición ante el grupo cuando se explican los ejercicios, evitando dar la espalda a algún jugador.
- Preguntar si hay dudas antes de comenzar la actividad.
- Evitar muchas actividades complejas.
- Cuidar la evolución de la organización, pasando de parejas a grupos de cuatro o de tríos a grupos de seis, pero no de tríos a parejas.
- Tener organizados los grupos antes de proponer competiciones de equipos.

B) Para aumentar el tiempo de compromiso motor (tiempo que el jugador está practicando durante la sesión).

- Evitar las organizaciones en filas, así como cualquier tipo de organización en la que el jugador esté parado y no practicando.
- Utilizar la resolución de problemas.
- Diseñar actividades motivantes en las que los niños se impliquen voluntariamente.
- Disponer de suficiente material (un balón por niño).
- Que el entrenador esté animando la participación del niño con refuerzos positivos.

C) Para aumentar el tiempo especifico empleado para el desarrollo de los objetivos de la sesión (tiempo de compromiso motor relacionado con los objetivos y/o aprendizajes deseados de la sesión):

- Utilizar un calentamiento en el que se estén realizando actividades relacionadas con los objetivos de la sesión.
- Terminar la sesión con actividades finales globales que aglutinen los aprendizajes desarrollados en la sesión, pudiendo ser situaciones de 6x6 o 7x7, etc.
- Plantear en las sesiones objetivos generales y no específicos.
- La parte principal de la sesión debe durar más que la suma del calentamiento y la vuelta a la calma.

Cárdenas y Alarcón (2004) señalan que si el entrenador logra disponer de una gran organización, incrementará en gran medida el tiempo de práctica, así como facilitará que el jugador centre toda su atención en el objetivo de la tarea y no en cómo tener que realizar las rotaciones dentro de un ejercicio para que se realice de forma adecuada.

Estos autores señalan que en categorías de formación deberían tenerse en cuenta las siguientes consideraciones de tipo organizativo a la hora de diseñar una tarea:

- Para la mejora de aspectos tácticos-individuales, es aconsejable utilizar espacios compartidos para crear interferencias que incrementen las demandas perceptivas y decisionales.
- Utilizar rotaciones sencillas, mejor si son en el mismo sentido en que se desplazan los jugadores durante la ejecución (Por ejemplo en un 1x1+1, lo ideal sería que el atacante pasase a defensor, el defensor a pasador y el pasador a atacante).
- Evitar filas. Es muy interesante utilizar circuitos.
- Utilizar, principalmente, la forma de participación simultanea, en la que todos los jugadores participan a la vez.

3. Satisfacción deportiva.

Las experiencias planteadas tienen que ser del agrado del niño, motivándole para estimular la continuidad en la práctica deportiva. Para cumplir este objetivo, será necesario conocer las diferentes necesidades que el joven deportista dispone durante su desarrollo.

Al atender a las necesidades psicoevolutivas del niño en las etapas de iniciación deportiva, se cree necesario tener siempre presente tres consideraciones:

- El juego será la base sobre la que se construirá el aprendizaje del niño, siendo el correcto uso de éste, uno de los objetivos fundamentales en el proceso de enseñanza-aprendizaje, por lo que se evitarán tareas exentas de significado, ya que no se encontraría en el contexto propio del juego (Conde y Delgado, 2000).
- Debido al carácter egocéntrico del niño, el contacto de éste con el balón durante todo el entrenamiento deberá ser máximo (Ortega y cols., 1999 y Ortega, 2004). El niño necesita sentirse parte principal del juego, y cuanto mayor tiempo dispone de la pelota, mayor sensación de haber practicado durante el entrenamiento como protagonista principal.
- Debido a la peculiaridad del puesto específico del portero, se debe proporcionar la posibilidad de éxito en sus acciones, ya que en muchas ocasiones, con las tareas de superioridad numérica de ataque que se plantean, o las situaciones de 1 x portero, es difícil conseguir el objetivo del rol del portero, sobre todo en su aspecto defensivo.

4. Aprendizaje significativo.

En el proceso de enseñanza-aprendizaje, será necesario el desarrollo de aprendizajes significativos, de forma que *"en la estructura cognitiva del niño exista la base conceptual necesaria para asimilar los nuevos contenidos"* (Feu, 2001, p.5). El jugador deberá poseer una gran bagaje de experiencias que le sirvan para solucionar, de diferentes y variadas formas distintos problemas, así como, a través de su imaginación y creatividad, plantear nuevas soluciones ante antiguas e incluso nuevas situaciones de juego.

Para plantear dicho aprendizaje, cuyo objetivo es incrementar la capacidad creativa del joven deportista, será necesario diseñar tareas de tipo global, en las que el jugador y/o portero pueda:

- Buscar e indagar, diferentes soluciones ante los problemas que les plantea el juego.
- Realizar los gestos técnico-tácticos en situaciones similares a las del juego real.
- Realizar gestos técnicos-tácticos, con un sentido práctico, donde el deportista utilice diferentes gestos deportivos para ser eficaz en un momento concreto ante un problema determinado.
- Incrementar su bagaje de experiencias motrices.
- Por último, para lograr un aprendizaje significativo y comprensivo, será fundamental la actuación del entrenador, mediante el adecuado uso del feedback.

De la definición expuesta por Moreno y del Villar (2004) sobre las características de un adecuado entrenador, se deduce que el jugador debe recibir frecuente información sobre su actuación, aspecto con el que están de acuerdo casi la totalidad de los entrenadores. El problema reside en saber qué tipo de información es la más idónea para el joven deportista. En este sentido, estos autores realizan una extensa y profunda revisión bibliográfica sobre las diferentes propuestas que realizan diversos autores en relación con el tipo de feedback más adecuado, señalando que el feedback en el que el entrenador describe lo que el jugador acaba de realizar, aportando una información detallada sobre aspectos concretos debe predominar en etapas de formación, si bien se aprecia otra tendencia en el uso del feedback en la cual destacan dentro de los deportes colectivos la figura de Aguado y cols. (2004), Cárdenas (1999, 2003), Castejón (1999) y Giménez y Sáenz-López (1999). Estos autores reivindican el predominio del uso del feedback interrogativo, el cual permitirá reflexionar sobre lo que el jugador acaba de realizar, con el objetivo de que entienda y comprenda el por qué de las cosas y no realice la ejecución de un determinado gesto de forma repetitiva sin comprensión alguna.

En el feedback de carácter interrogativo el entrenador, a través del descubrimiento guiado y mediante preguntas concretas y precisas, fomentará en el joven jugador la necesidad de reflexionar sobre el uso de unas conductas u otras, con lo que el propio jugador se encargará de descubrir y experimentar las posibles soluciones a los diferentes problemas que le acaban de plantear.

Este tipo de feedback predominará en las fases de enseñanza propias de la asimilación y comprensión si bien, como señala Moreno y del Villar (2004), es adecuado modificar el tipo de feedback, para evitar la monotonía, por lo que será conveniente además utilizar feedback valorativo o evaluativo, que sirva de refuerzo y motivación, así como feedback afectivo, que anime y refuerce las conductas de los niños.

Por lo tanto, y de acuerdo con las propuestas de Aguado y cols. (2004), Cárdenas (1999, 2003) y Castejón (1999) el feedback que debe predominar en etapas de formación (principalmente en alevín e infantil), deberá ser el reflexivo junto al afectivo, ya que es necesario crear un clima de enseñanza en el que el niño este cómodo y motivado, así como participe de forma activa y reflexiva en su propio aprendizaje; "Todo lo que el niño aprenda por sí mismo, lo asimilará mejor que lo aprendido a través de modelos o consignas externas".

A través del uso de este tipo de feedback, se busca fundamentalmente:

- Fomentar la capacidad de reflexión y comprensión, ya que todas aquellas conductas deportivas aprendidas por uno mismo, tienen mayor sentido y significado para el deportista que aquellas aprendidas a través de modelos u otras formas de aprendizaje.
- La conversión del feedback externo (información aportada por el entrenador de cómo ha realizado el ejercicio y cómo debería haberlo hecho para ser eficaz) por el feedback interno (información aportada por el propio deportista tras la realización de la conducta deportiva, de cómo ha realizado el ejerció y como cree él que debería haberlo realizado).

En este sentido Aguado y cols. (2004) señalan la necesidad de que el entrenador construya unas fichas de observación en las que, a partir de determinadas situaciones de juego, establezca los errores más habituales, así como las posibles preguntas que el entrenador debe plantear al niño para que reflexione, identifique y solucione el error:

Errores y posibles preguntas a utilizar para una situación de 2x2 al observar al jugador con balón. (Modificado de Aguado y cols. 2004):

POSIBLES ERRORES	POSIBLES PREGUNTAS ASOCIADAS A LA IDENTIFICACIÓN DEL ERROR
1.- No dirigirse rápidamente hacia portería cuando se tiene el camino despejado.	¿Cuál es tu objetivo?, ¿tienes el camino libre?
2.- Abusar en exceso de la conducción.	¿Qué recursos tenías para avanzar?, ¿cuál has utilizado? ¿te has fijado dónde estaba tu compañero?, ¿cuál crees que era la mejor opción?, ¿por qué?.
3.- No observar el juego del defensor y del compañero.	¿Qué ha hecho tu compañero?, ¿y el defensor?, ¿dónde estaban?, si los hubieras visto, ¿qué habrías hecho?, ¿por qué?...
4.- No coordinar las acciones con el compañero sin balón.	4.- ¿Qué ha hecho tu compañero?, y tú ¿qué has hecho?, ¿en qué momento?, ¿ha sido el momento adecuado?, ¿por qué?
5.- Pasar sin valorar otras opciones.	¿Por qué has intentado pasar?, ¿dónde estaba tu compañero?....
6.- Conducir mirando el balón.	¿Cuál es tu objetivo?, ¿puedes ver de esa forma lo que ocurre e el campo?, ¿cómo lo harías la próxima vez?
7.- Conducir con la pierna más cercana al defensor.	¿Dónde estaba el defensor?, ¿con qué pie estabas conduciendo?, ¿qué ocurre si conduces con ese pie?, ¿con qué pie debes conducir?, ¿por qué?

Errores y posibles preguntas a utilizar para una situación de 1x Portero al observar al jugador con balón. (Modificado de Aguado y cols. 2004):

POSIBLES ERRORES	POSIBLES PREGUNTAS ASOCIADAS A LA IDENTIFICACIÓN DEL ERROR
1.- Quedarse debajo de la portería.	¿Cuál es tu objetivo?, ¿es la posición más efectiva para reducir el ángulo de tiro?, ¿puedes desde esta posición hacerte dueño del balón?
2.- Tirarse antes de tiempo.	¿Cuál es tu objetivo?, ¿cuál es el momento que el portero debe aprovechar para ir a por el balón?, ¿cómo debe ser tu estirada?
3.- Permitir que el jugador le cuele el balón por debajo de sus piernas.	¿Por qué ha podido colar el balón por debajo de tus piernas?, ¿cuál será la posición que tape más espacio?, ¿cómo influye la distancia entre el jugador con balón y el portero?

Por otro lado, Méndez (1998b) presenta un sumario de los problemas tácticos que pueden trabajarse a partir de las tareas propuestas para favorecer la comprensión de los principios básicos del juego, tanto en ataque como en defensa, y que el entrenador deberá plantear como feedback reflexivo:

Principales problemas tácticos inherentes a los deportes de invasión (Tomado de Méndez, 1998b).

	Principios Tácticos	**Problemas Tácticos**	
		Atacante con balón	Atacante sin balón
ATAQUE	Conservar la posesión del balón	¿A quién pasar? ¿Cuándo pasar? ¿Qué tipo de pase realizar?	¿Cuál es la utilidad el pase en el juego? ¿Por qué debo desmarcarme? ¿Cuándo debo desmarcarme? ¿Cómo sé que mi compañero quiere pasarme?
	Avanzar con el balón e invadir el terreno del equipo adversario	¿A quién pasar? (se da prioridad al pase hacia los jugadores más cercanos a la portería contraria) ¿Cuándo pasar? ¿Qué tipo de pase realizar? ¿Debo pasar o avanzar?	¿Cuándo debo progresar hacia la meta? ¿Cuál es el mejor espacio al que desplazarme? ¿Cómo puedo crear un espacio en el área contraria? ¿Soy necesario para el próximo pase?
	Conseguir tirar a puerta y marcar	¿Cómo puedo conseguir el tanto? ¿Desde dónde puedo ser más eficaz? ¿A qué zonas de la portería debo tirar? ¿Hay alguien mejor situado que yo?	¿Dónde debo colocarme en caso de rechace? ¿Puedo llevarme conmigo a la defensa para dejar libre a un compañero?

Principios Tácticos		Problemas Tácticos	
		Al atacante con balón	Al atacante sin balón
DEFENSA	Recuperar la posesión del balón	¿Dónde debo colocarme? ¿Cómo puedo defender? ¿Cómo puedo hacer más difícil la posesión? ¿Qué tipo de marcaje realizar: al hombre o al espacio?	¿Dónde debo colocarme? ¿Cómo debo defender? ¿Qué tipo de marcaje realizar: al hombre o al espacio?
	Evitar la invasión	¿Cómo debo marcar? ¿Cómo cubrir cuando se encuentran en el área de penalti? ¿y fuera del área de penalti?	¿Cómo debo marcar? ¿Cómo cubrir cuando se encuentran en el área de penalti? ¿Y fuera del área de penalti?
	Evitar la puntuación	¿Dónde debo colocarme? (entre el balón y la portería) ¿Qué hacer? Evitar el tiro, bloquearlo....	¿Dónde debo colocarme? (entre el balón y la portería) ¿Qué hacer? Cubrir ángulos de pase o tiro para proteger la meta

Significado práctico de los principios metodológicos en la iniciación deportiva:

PRINCIPIOS	SIGNIFICADO PRÁCTICO
TOTALIDAD	1. Necesidad de disponer de un gran volumen de tareas en las que la mejora de los procesos de percepción y toma de decisión estén presentes y sean protagonistas. 2. Presencia de gran cantidad de estímulos, principalmente estímulos semejantes a los de la propia competición. 3. Necesidad de integrar la formación técnica, táctica, teórica, psicológica y física dentro de las sesiones de enseñanza.

PRINCIPIOS	SIGNIFICADO PRÁCTICO
MÁXIMA PARTICIPACIÓN	1. Lograr la mayor participación (práctica motriz) durante la tarea. 2. Búsqueda de una distribución espacial y organización de las tareas, que permita la mayor participación posible. 3. Minimizar el uso de la organización de tareas utilizando "filas", pues supone poco tiempo de práctica frente al demasiado tiempo de espera. 4. Sustituir filas por la utilización del espacio simultáneo o la organización en circuitos. 5. Utilizar variantes antes que cambios bruscos de actividades.
SATISFACCIÓN DEPORTIVA	1. Uso de juegos. 2. Predominio de las tareas donde el niño tenga la pelota en su poder. 3. Predominio de tareas donde el niño finaliza lanzando a portería, o en el caso del portero participar en tareas en las que pueda intervenir de forma eficaz. 4. Predominio de las tareas cuyo objetivo sea la mejora de aspectos técnicotácticos atacantes. 5. Utilizar competiciones.
APRENDIZAJE REFLEXIVO	1. Predominio de tareas globales, donde puedan indagar y construir aprendizajes contextualizados, potenciando los estilos de enseñanza cognitivos (aprendizaje por descubrimiento). 2. Proponer tareas en las que el niño tenga que solucionar diferentes problemas de diferentes y variadas formas. 3. Plantear preguntas, que hagan que el niño reflexione sobre las tareas que se han planteado y sus posibles soluciones. 4. Plantear tareas que exijan una actividad mental del alumno que le lleve a reflexionar y a justificar sus respuestas. 5. Predominio importante del feedback interrogativo. 6. Minimizar las demostraciones que fomenten la imitación de modelos.

Capítulo 6

PLANIFICACIÓN DE LOS CICLOS DE ENTRENAMIENTO A TRAVÉS DEL MODELO ATR

La planificación de los ciclos de entrenamiento en el Fútbol Formativo, necesita referenciarse en fundamentos y ejemplificaciones aplicables en el trabajo que se desarrolle en las distintas plantillas. Para dar cobertura a dicho criterio, el presente Capítulo estará compuesto por un resumen de lo expuesto por Cambray Castillo, Salva y Jové Martí, Joel (2007- pp- 19 a 26 y gráfico de p-45), autores de un importante trabajo sobre esta materia, publicado por Wanceulen Editorial bajo el título: " *Fútbol base planificació real d'una temporada en periode d'especialització* ".

Dicho resumen incluye: -

- Una ejemplificación de Planificación de la temporada, así como la respectiva fundamentación teórica utilizada para su elaboración.

- Un estudio desarrollado de los ciclos de entrenamientos, y de manera más concreta de la carga, la ubicación temporal y los contenidos de los diferentes elementos que configuran toda planificación: macrociclos, mesociclos y microciclos.

6.1. MODELO DE PLANIFICACIÓN A UTILIZAR

Hablamos, antes de empezar, del concepto de "forma deportiva". En todo contexto deportivo, aquello que denominamos "FORMA" se convierte en el referente más importante del proceso de planificación y periodización del entrenamiento, es decir: "conseguir que el deportista alcance su máximo grado de eficacia y rendimiento posible". Tomando como referencia la definición clásica de Matveiev (1988), podemos definir la forma deportiva como "el estado de disposición óptima del deportista a obtener la marca deportiva" añadiendo, además, que "se trata de una unidad armónica representativa de todos los componentes que conforman la disposición óptima del deportista: la física, la técnica, la táctica y la psíquica".

No obstante, este proceso no se desarrolla de forma constante y lineal ya que los deportistas no pueden aguantar de manera continua su mejor nivel de rendimiento. De hecho, los efectos que producen en los sistemas biológicos las cargas intensivas máximas y competitivas, provocan limitaciones de la actividad de adaptación del organismo, con lo cual el entrenamiento implica una regresión del rendimiento que acaba necesitando la utilización de periodos aptos para la regeneración y la recarga permanente de la capacidad funcional (Campos J. y Ramón V., 2001). Con eso nos referimos a una característica inherente a la forma deportiva: su carácter dinámico, es decir, el paso por fases de 'mayor' o 'menor' estado de forma según el momento de la temporada en que nos encontremos.

Con todo, tenemos que decir en este punto, que en el fútbol base no es este concepto lo que tendría que tomar mayor relevancia (aspectos más formativos y menos propios del rendimiento tendrían que dominar por encima de todo) pero también somos conscientes de que la competición y la consecución del éxito deportivo, en los últimos años, ha pasado a un primer plano, y que el deporte de base en general, pero mucho más especialmente el fútbol, camina hacia una constante profesionalización. Por otra parte, esta realidad que no podemos obviar, la vemos mucho más marcada en las etapas formativas que nos ocupan: especialización y perfeccionamiento.

Hecho este inciso, entramos a justificar al modelo de planificación que proponemos utilizar. Para la valoración de los modelos existentes con el fin de concluir cuál es el más adecuado a nuestras necesidades (fútbol base en periodo de especialización) se ha partido, a priori, de la base de qué cualquier opción, aplicada correcta y rigurosamente, puede llegar a ser válida. No obstante, en un deporte como el fútbol: de equipo y de largo periodo competitivo se ha considerado una equivocación la aplicación de cualquiera de los modelos de tipo tradicional como los que propone Matveiev. Los motivos son diversos:

- Se suceden periodos de entrenamiento excesivamente prolongados y monótonos que provocan una adaptación al estímulo habitual reduciendo las ganancias de la competición
- Hay un desarrollo de muchas capacidades en un mismo periodo de tiempo. Eso produce una supercompensación negativa del efecto de entrenamiento (Cuadrado P., 1996) ya que no hay concentración suficiente de cargas específicas que son las que nos permiten rendir.
- Excesivo trabajo de preparación general y poca importancia del trabajo específico. Dificultades por y para competir en pretemporada (ya que hay una clara falta de capacidades específicas) y temporada (en la que hay un exceso innecesario de capacidades básicas).
- Finalmente, y derivado de las anteriores (aumento progresivo de la forma, cargas regulares y desarrollo simultáneo de capacida-

des), las etapas de forma se reducen a cortos periodos de la temporada.

Así pues, habiendo renunciado a los tipos de modelos convencionales, se ha optado por un modelo de tipo contemporáneo llamado 'modelo de bloques'. Las ventajas en relación al modelo anteriormente comentado resultan evidentes. Ahora, el estado de forma se alcanzará de forma más rápida y a partir de aquí las subidas y bajadas en el nivel de rendimiento serán mucho más pequeñas (sólo habrá que buscar un 'mantenimiento'). Diferentes autores coinciden en la cita de los puntos caracterizadores (= ventajas) del modelo en cuestión. Los resumo de la siguiente manera:

- Las cargas serán de tipo concentradas (en bloques) y se desarrollarán menos capacidades (de la misma orientación) durante periodos de tiempos más reducidos.
- Existirá una periodicidad y permutación en la orientación preferencial del entrenamiento (unas capacidades concretas a trabajar a cada etapa o mesociclo).
- Habrá una alternancia más frecuente de los contenidos y la orientación del entrenamiento (y en consecuencia: mayor motivación, menos monotonía, etc.).
- Existirá una mayor eficacia en el control del entrenamiento (objetivos a cumplir en cada mesociclo).

Así pues, ya ha quedado concretado el modelo general con que creemos que hay que trabajar en toda planificación enmarcada en el ámbito del fútbol formativo. No obstante, sin huir del modelo contemporáneo (ni de sus características), vemos las múltiples variantes que se nos presentan dentro de éste, nos encontramos con que todavía podemos concretar más y nos decantamos por una variante concreta del concepto de clasificación de los mesociclos (se habría podido utilizar otros de igualmente válidos): el 'modelo ATR'.

El denominado 'modelo ATR' propuesto por Issurin i Kaverin (1986), distingue tres tipos diferentes de mesociclos: Acumulación, Transformación y Realización. En esta variante del modelo contemporáneo se van sucediendo, consecutivamente a lo largo de una temporada, los tres tipos de mesociclos mencionados. A cada uno de éstos, hay una determinada orientación de la carga de entrenamiento (40%) mientras el resto de la carga queda distribuida en cargas de otra orientación entre las que ocupan un lugar preferente las correspondientes al trabajo anteriormente realizado. El modelo ATR es similar al ciclo anual, pero en miniatura, variando su estructura y contenido en función de: el momento de la temporada en que nos encontramos, la calificación del deportista y la especificidad del deporte (García Manso, J.M., 1996) que en nuestro caso es el fútbol base.

6.2. ELEMENTOS DE LA PLANIFICACIÓN

De los más largos a los más cortos, los elementos que conforman una planificación son éstos:

- **Macrociclos:** Es la mayor división que realizamos para conseguir objetivos (macroestructura que engloba el total de objetivos marcados). Aquí, hará falta que diferenciemos entre 'macrociclo largo' y 'macrociclo corto'. Al primero, nos referiremos al hablar de 'temporada' completa entendida como un todo mientras que los llamados 'macrociclos cortos' ocupan una parte importante de esta temporada (una etapa de la planificación). En nuestro caso hablaremos de 'macrociclos cortos' cuando nos referimos a los Macrociclos Preparatorio; Competitivos; y Transitorio.

- **Mesociclos:** Constituyen los ciclos de entrenamiento intermedios y representan etapas relativamente acabadas del proceso global de entrenamiento que tiene por finalidad la consecución de objetivos parciales. A los mesociclos utilizados en nuestro caso ya los hemos nombrado al justificar el modelo de planificación utilizado: Acumulación, Transformación y Realización.

- **Microciclos:** Constituyen la célula básica del entrenamiento y permiten dirigir al deportista con precisión hacia un objetivo previsto (Campos J., 2001). Por razones prácticas, su duración se fijará, en la mayoría de casos referidos a fútbol base, en una semana. Los microciclos que utilizaremos son los que nos propone García Manso (1996): Ajuste (o introductorios), Carga, Impacto (o choque), Activación (o aproximación), Competición y Recuperación.

- **Unidades de entrenamientos o sesiones:** es la estructura elemental del proceso de organización del entrenamiento (último nivel de concreción de una planificación). Hablaremos más detalladamente en apartados posteriores.

6.3. MACROCICLOS: ESTRUCTURA DE CARGA, UBICACIÓN TEMPORAL Y CONTENIDOS

El macrociclo, como ya se ha especificado, es "la unidad fundamental de la planificación en la cual el deportista alcanza un nivel de rendimiento superior al precedente" (Durán Piqueras, 1994), es decir, los picos de máximo estado de forma los tendríamos que encontrar al final de cada macrociclo.

Aquí, hablaremos de 'macrociclos cortos' y por lo tanto no los tenemos que confundir con el ciclo anual (el 'macrociclo largo'). Por las características de duración de la mayor parte de competiciones en que compiten los equipos de fútbol base, pensamos que 8 macrociclos repartidos en los diferentes periodos (preparatorios, competitivos y de transición) es un número lo bastante adecuado, aunque no lo presentamos como una realidad inalterable ya que la decisión final la tomaremos teniendo en cuenta la realidad individual de cada equipo.

Acto seguido presentamos, a modo de ejemplo, los macrociclos propuestos:

a) **Macrociclo Preparatorio o pre-temporada:** Va desde el inicio de los entrenamientos (15 de Agosto) hasta el segundo partido de liga (8 de octubre). Abarca hasta un total de 8 semanas de entrenamientos y, como todos 'nuestros' macrociclos, comprenden 3 mesociclos (acumulación, transformación y realización).

b) **Macrociclos competitivos (I, II, III, IV y V):** En nuestro caso, todos los macrociclos de tipo competitivo, comprenden 6 semanas de entrenamiento (aunque éste hecho puede variar ligeramente en base a la situación en el calendario de los días festivos y los periodos de vacaciones, que en pocos casos se pasan por alto en las escuelas y clubes de fútbol base). Por otra parte, igual que pasaba con el macrociclo preparatorio, engloban tres mesociclos (los correspondientes al modelo ATR). Como ya se ha dicho, el modelo ATR es similar al ciclo anual, pero en miniatura. De este hecho ineludible, pues, podemos deducir los objetivos parciales a los que se pretende llegar en cada uno de ellos. La idea es alcanzar los máximos niveles de forma al final de cada 'bloque ATR' (es decir, al acabar el mesociclo de Realización) y mantenerla lo más alto posible durante el resto de mesociclos.

La ubicación temporal de cada uno de los macrociclos, es la siguiente:

- M. COMPETITIVO I: del 9 de octubre al 19 de noviembre (6 semanas y 6 partidos de liga).

- M. COMPETITIVO II: del 20 de noviembre al 30 de diciembre (6 semanas y 5 partidos de liga).

- M. COMPETITIVO III: del 8 de enero al 18 de febrero (6 semanas y 6 partidos de liga).

- M. COMPETITIVO IV: del 19 de febrero al 1 de abril (6 semanas y 6 partidos de liga).

- M. COMPETITIVO V: del 2 de abril al 13 de mayo (6 semanas y 4 partidos de liga).

c) **Macrociclo Transitorio I:** Se lo ha considerado macrociclo pero realmente no es más que un periodo intermedio con un claro objetivo regenerativo. Corresponde a las vacaciones de Navidad y tiene una duración de 9 días (del 31 de diciembre al 8 de enero).

d) **Macrociclo Transitorio II:** En este caso si que nos encontramos dentro de un 'auténtico' macrociclo. Su duración es indeterminada pero va desde el final de la temporada competitiva (que en nuestro caso es el 13 de mayo), hasta al inicio de la pre-temporada próxima. Los objetivos de este macrociclo quedan detallados más adelante. Si como pasa en muchos casos, el periodo transitorio se alarga un tiempo superior a los tres meses (duración excesivamente larga), proponemos una división en cuatro fases de este periodo con el fin de evitar un bajón excesivo de la forma física:

1. Recuperación de la competición (3 o 4 semanas) con una disminución notable de la intensidad y especificidad de las cargas. Además se reduciría la frecuencia de los entrenamientos pasando de los tres días de entrenamientos a la semana (además del partido de competición) a entrenar sólo dos días: por ejemplo, martes y viernes.

2. Un periodo corto (2 o 3 semanas) de descanso activo al empezar las vacaciones.

3. Una segunda fase de ligera actividad y duración similar al anterior.

4. Un último periodo de entrenamiento moderado encaminado a alcanzar cierto nivel físico antes del inicio de la pre-temporada (las 3 últimas semanas

6.4. MESOCICLOS: ESTRUCTURA DE CARGA, UBICACIÓN TEMPORAL Y CONTENIDOS

Como ya ha quedado claro, en el sistema de periodización contemporáneo que se ha escogido, se trata de ir alternando tres tipos de mesociclos de manera consecutiva: Acumulación, Transformación y Realización. Dejando de lado los macrociclos transitorios, cada bloque de estos tres mesociclos corresponde a un macrociclo (en nuestra propuesta: preparatorio y los cinco competitivos) de manera que podemos decir que 'nuestra' planificación anual de la temporada está compuesta por un total de 18 mesociclos (6 de acumulación, 6 de transformación y 6 de realización).

Durante los periodos competitivos, la duración de cada mesociclo es, en todos los casos de dos semanas (aunque no es una condición sinequànon si que conviene destacar que la duración mínima aconsejable para un mesociclo, es de dos semanas).

Por motivos evidentes, los mesociclos ATR del periodo preparatorio presentan un carácter especial con respecto a su duración. La mayor necesidad de cargas de tipo general durante este periodo así nos lo requiere (los mesociclos de acumulación y, en ocasiones, de transformación pasan a tener una mayor duración).

Acto seguido definimos los objetivos, las tareas principales y los contenidos que caracterizan estos mesociclos. Para hacerlo, diferenciaremos entre el periodo preparatorio y el competitivo:

A. PERIODO PREPARATORIO

ACUMULACIÓN (a nuestra propuesta, 14 de agosto - 3 de septiembre)

Objetivos generales:

- Inicio de las adaptaciones biológicas a las cargas de entrenamiento después de la inactividad (toma de contacto) a los primeros microciclos.
- Realización de las principales adaptaciones a las cargas básicas y adaptación progresiva a la intensidad específica del entrenamiento.
- Conocer objetivos, estrategias y tácticas básicas del equipo (muy por encima).
- Adquirir y recuperar los diferentes patrones técnicos así como sus ajustes.

Objetivos parciales:

- Capacidad aeróbica, potencia aeróbica, fuerza general, fuerza-resistencia, resistencia a la fuerza explosiva, flexibilidad, trabajo abdominal y lumbar (complementarios).

Contenidos. Componentes de la carga de trabajo:

- Duración: Variable. En nuestro caso, 3 microciclos. 21 días con presencia de 9 sesiones de entrenamiento (una de las cuales es de control) y 3 partidos de carácter amistoso (cada jugador sólo disputará entre 45 y 65 minutos).
- Volumen: elevado (combinamos entrenamientos de volumen elevado con algún partido amistoso).
- Intensidad: moderada.

Medios de entrenamiento: Predominio de medios básicos sobre específicos. A medida que avanzamos, la diferencia entre ambos tipos de medios de entrenamiento disminuirá progresivamente. Inclusión de varios partidos amistosos.

TRANSFORMACIÓN (4 - 24 de septiembre)

Objetivos generales:

- Adaptación progresiva a la intensidad específica del entrenamiento en base al trabajo del mesociclo anterior.
- Consecución del nivel físico específico y de reserva (para poder mantener un buen estado de forma durante la temporada).
- Inicio de la adaptación progresiva de las sinergias de todos los factores de rendimiento a los requerimientos de la competición.
- Asimilación del trabajo táctico: sistema de juego, tipo de defensas y ataques, etc.
- Inicio del trabajo de estrategia.

Objetivos parciales:

- Capacidad aeróbica, potencia aeróbica, capacidad láctica, resistencia a la fuerza rápida láctica, resistencia a la fuerza rápida mixta, tonificación muscular compensatoria, fuerza explosiva (al último microciclo), velocidad gestual y de desplazamiento, velocidad de reacción, flexibilidad, complementarios.

Contenidos. Componentes de la carga de trabajo:

- Duración: Variable. A nuestra propuesta de planificación, 3 microciclos (21 días con presencia de 9 sesiones de entrenamiento y 5 partidos amistosos).
- Volumen: ligera disminución (ligera disminución del número de entrenamientos y aumento de los partidos de carácter amistoso).
- Intensidad: aumentada en relación al mesociclo anterior.

Medios de entrenamiento: Aumento generalizado de medios específicos en claro detrimento de los básicos. Aumentan ligeramente el volumen de partidos amistosos. Empezamos a poner énfasis en la 'calidad' y eficacia de las acciones.

REALIZACIÓN (25 de septiembre - 8 de octubre)

Objetivos generales:

- Adaptación progresiva de las sinergias de todos los factores de rendimiento a los requerimientos de la competición.
- Desarrollo de la capacidad motriz específica de competición en base al trabajo de los dos mesociclos anteriores.
- Alcanzar el nivel de forma más adecuado para la disputa de los dos partidos oficiales de liga.
- Continuación del trabajo táctico: asimilación.
- Continuación del trabajo de estrategia y su consecuente asimilación.

Objetivos parciales:

- Capacidad aeróbica, potencia aeróbica, capacidad láctica, potencia láctica, resistencia especial y competitiva, fuerza específica técnica, fuerza específica secuencial, velocidad de desplazamiento, velocidad de reacción, flexibilidad, trabajo abdominal y lumbar (complementarios).

Contenidos. Componentes de la carga de trabajo:

- Duración: Variable. Nosotros hemos propuesto 2 microciclos. 14 días con presencia de 6 sesiones de entrenamiento y 2 partidos de liga.
- Volumen: disminución general.
- Intensidad: aumentada en relación al mesociclo anterior.

Medios de entrenamiento: Continúa el crecimiento en la utilización de medios de entrenamiento específicos. Clara disminución de medios básicos. Medios claramente relacionados con los utilizados durante los mesociclos competitivos.

B. PERIODOS COMPETITIVOS

Para cada uno de los mesociclos que conforman los diferentes macrociclos competitivos (I, II, III, IV y V), se repiten los objetivos, cargas, volúmenes y medios de entrenamiento. Veámoslo:

ACUMULACIÓN

Objetivos generales:

- Elevación del potencial técnico y motor.
- Crear una reserva de cualidades básicas.
- Acumular las capacidades técnicas y motores que tienen que ser básicas para la preparación específica; extender el repertorio de elementos técnicos, etc.
- Alcanzar el nivel de forma más adecuado para la disputa de los diferentes partidos oficiales de liga pero sin perder la orientación acumulativa del trabajo.

Objetivos parciales:

- Capacidad aeróbica, potencia aeróbica, fuerza general, resistencia a la fuerza explosiva, flexibilidad y trabajo abdominal y lumbar (complementarios). *NOTA: No dejar de lado las cualidades físicas más específicas necesarias para competer en las mejores condiciones.*

Contenidos. Componentes de la carga de trabajo:

- Duración: Variable. A 'nuestra planificación': 2 microciclos en todos los casos. Cada microciclo, acostumbra a presentar tres sesiones de entrenamiento y un partido oficial de liga.
- Volumen: relativamente elevado (más relacionado con el tipo de trabajo que con la duración y frecuencia de los entrenamientos, que, en general, será la misma para todos los microciclos del año).
- Intensidad: moderada (especialmente para capacidades de fuerza y resistencia aeróbica).

Medios de entrenamiento: Se alternarán medios de entrenamiento específicos con básicos pero la orientación del trabajo irá mucho más encaminada a cargas básicas. El volumen es el componente importante del trabajo.

TRANSFORMACIÓN

Objetivos generales:

- Transformar el potencial de las capacidades motoras y técnicas de la preparación específica.
- Transferir las capacidades motoras más generalizadas en formas especiales, según las demandas técnicas y tácticas.
- Enfatizar la tolerancia a la fatiga y la estabilidad de la técnica.
- Alcanzar el nivel de forma más adecuado para la disputa de los diferentes partidos oficiales de liga pero sin perder la orientación transformadora del trabajo.

Objetivos parciales:

- Capacidad y potencia láctica, resistencia a la fuerza rápida láctica, resistencia a la fuerza rápida mixta, fuerza dirigida, flexibilidad y trabajo abdominal y lumbar (complementarios). *NOTA: No dejar de lado las cualidades físicas específicas necesarias para competer en las mejores condiciones.*

Contenidos. Componentes de la carga de trabajo:

- Duración: Variable. Nosotros optamos nuevamente por la fórmula de 2 microciclos. Cada uno, presenta tres sesiones de entrenamiento y un partido oficial de liga.
- Volumen: óptimo.
- Intensidad: aumentada y con acumulación de fatiga.

Medios de entrenamiento: El trabajo se orientará, especialmente, hacia el retraso de fatiga (más que hacia la calidad) con ejercicios concentrados de fuerza dirigida y de resistencia anaeróbica. Habrá un predominio de medios específicos (transformar el trabajo básico anteriormente acumulado en trabajo específico).

REALIZACIÓN

Objetivos generales:

- Conseguir los mejores resultados de forma (picos de máximos niveles de forma deportiva).
- Crear las premisas para qué en las competiciones cristalicen los potenciales motores acumulados y transformados.
- Utilizar las capacidades motores y técnicas dentro de la actividad competitiva específica.
- Alcanzar el nivel de forma más adecuado para la disputa de los diferentes partidos oficiales de liga teniendo en cuenta el trabajo de realización (de especificidad) que caracteriza en el mesociclo.

Objetivos parciales:

- Resistencia especial y competitiva, fuerza específica técnica y secuencial, velocidad, flexibilidad y trabajo abdominal y lumbar (complementarios).

Contenidos. Componentes de la carga de trabajo:

- Duración: Variable. Se ha optado, en nuestro caso, por abarcar 2 microciclos. Cada microciclo presenta un partido de liga y, en la mayoría de casos, tres sesiones de entrenamiento.
- Volumen: bajo.
- Intensidad: máxima.

Medios de entrenamiento: Predominio absoluto de medios específicos. Trabajo orientado eminentemente a la 'calidad', con ejercicios competitivos y ejercicios especiales con intensidad máxima. Se trabajarán sesiones con muchas fases de recuperación. Se incluyen partidos amistosos (en éstos, ningún jugador disputará un tiempo superior a 60 minutos).

6.5. MICROCICLOS: ESTRUCTURA DE CARGA, UBICACIÓN TEMPORAL Y CONTENIDOS

Como elemento último de la planificación (obviando la 'sesión') situamos el microciclo. Para cada mesociclo de trabajo lo más lógico en el ámbito del fútbol formativo es optar por una progresión concreta de microciclos y una duración de cada microciclo de una semana. Los microciclos utilizados y sus características se detallan a continuación:

AJUSTE

- Niveles bajos de carga e intensidad decreciente.
- Prepara al deportista para el siguiente estado de entrenamiento o mesociclo (generalmente, intenso).
- Forman las estructuras iniciales del proceso de trabajo para cambios sustanciales en el entrenamiento o inicios de las temporadas. *En nuestro caso, sólo ha sido utilizada en un caso (primeras semanas de entrenamientos).*

CARGA

- Niveles medios de carga e intensidad.
- El volumen total del entrenamiento tiene que ser suficiente para estimular una mejora de la preparación.
- El programa de entrenamiento tiene que corresponder a un rango medio de reservas de adaptación del futbolista, sin llegar a agotarlas totalmente.
- El objetivo de las cargas es el de la mejora de la capacidad de rendimiento.

IMPACTO

- Carga máxima e intensidad extrema.
- Se utilizan para estimular el nivel más alto de adaptación del jugador a nuevas cargas de entrenamiento.
- Se dan acumulaciones máximas de fatiga y ausencia de recuperaciones totales.
- También tienen lugar cargas de entrenamiento máximas que pueden mantenerse bajo condiciones ideales de preparación y estado actual de los futbolistas.

Se han diferenciado dos tipos de microciclos de impacto o choque: los de IMPACTO I (con altos niveles de volumen de carga) y los de IMPACTO II (más relacionados con la intensidad). En líneas generales, los primeros se han utilizado en mesociclos de acumulación y los segundos en mesociclos de transformación.

ACTIVACIÓN

- Niveles bajos de carga y aumento de la intensidad en relación al microciclo anterior.

- Se utilizan cargas y medios muy específicos (similares a la competición) y tienen como objetivo, preparar al jugador para las condiciones de la competición.
- Hay un claro predominio del trabajo especial sobre el general.
- Presentan ciertos momentos de recuperación (después de los microciclos de carga e impacto).

Nosotros, en cada macrociclo, y en la mayoría de los casos, hemos utilizado bloques de dos microciclos. El primero presenta una orientación más transformadora mientras que el otro pertenece al mesociclo de realización.

COMPETITIVO

- Carga pequeña y alta intensidad.
- Incluye, entre otros, programas de activación y medios de recuperación.
- La lógica del entrenamiento deportivo nos dice que llegaremos en este punto en el momento de máxima supercompensación de las cualidades específicas requeridas por el fútbol.

Representan el último microciclo de cada macrociclo que integra la planificación anual o, lo que es lo mismo, el último microciclo de los mesociclos de realización.

REGENERATIVO

- Intensidades y cargas bajas.
- Van destinados a asegurar el desarrollo óptimo de los procesos de recuperación.
- Incluyen sesiones de claro corte recuperador y/o regenerativo; y días de fiesta con descanso activo.

En nuestra propuesta de planificación, situamos a los microciclos regenerativos (a niveles prácticos no existen microciclos regenerativos completos) después de un microciclo de competición (combinado con un microciclo de carga: 'microciclo de regeneración-carga') o como integrantes de un macrociclo transitorio.

La combinación de microciclos más utilizada dentro de cada mesociclo competitivo será la siguiente:

MACROCICLO					
ACUMULACIÓN		TRANSFORMACIÓN		REALIZACIÓN	
REGENERACIÓN CARGA	IMPACTO I	IMPACTO II	ACTIVACIÓN	ACTIVACIÓN	COMPETICIÓN (CONSERVADOR)

6.6. PRINCIPIOS METODOLÓGICOS A CONSIDERAR

El punto de partida para la aplicación de uno u otro tipo de metodología tiene que ser conocer el grupo, sus antecedentes y su dinámica propia. A partir de eso y la comunicación constante con los jugadores (y también teniendo en cuenta la propia filosofía de entrenamiento) se optará por una manera concreta de entrenar en el equipo.

A continuación detallamos las consideraciones más importantes que creemos que habrá que tener en cuenta si hablamos de fútbol base:

- Los ejercicios y tareas que conforman las sesiones se reproducirán bajo diferentes posibilidades metodológicas. Ahora bien, la tendencia general de las sesiones tendrá que ir hacia tipo de tareas abiertas y globales (por encima de tareas analíticas y/o cerradas).

- Ineludiblemente también, apostamos por la interrelación (intentando recoger en una misma tarea diferentes aspectos tácticos, técnicos, físicos y psicológicos). En este sentido, se han considerado muy superiores las ventajas que no los inconvenientes de este tipo de trabajo en el fútbol base (sobre todo con respecto a la motivación de los jugadores, a la mejor transferencia a la competición y a la optimización de tiempo). Con todo, sin embargo, se intentará no abusar de esta vertiente metodológica dado que el acomodamiento de los jugadores al trabajo con pelota y la, a menudo, bajada de intensidad es un factor a tener en cuenta. Así se introducirán (en ocasiones muy concretas) diferentes ejercicios de tipo analítico.

- Las posibilidades de organización que convendrá aplicar serán muy diversas e irán un poco en función de la tarea. Así, podemos presentar tanto pronto tareas con organización masiva (sobre todo libre) como distribuida. Dentro de las segundas, con todo, cobrarán una relevancia especial los trabajos en grupos y los circuitos.

- Algunos aspectos prácticos que se tendrán en cuenta en la aplicación práctica de las sesiones de entrenamiento serán:
    - La posición del entrenador o preparador físico con respecto al grupo, al presentar la información a los jugadores (se intentará tenerlos en todos visualmente controlados).
    - Al Inicio de la sesión se hará una explicación teórica de los objetivos a conseguir, los contenidos a transmitir, la metodología a utilizar, los recursos a utilizar o los aspectos a evaluar.
    - Motivar e incentivar al jugador durante su ejecución, informándole sobre la obtención o no de resultados.

- Fijar previamente con el grupo una normativa interna con el fin de favorecer su mejor funcionamiento, unas rutinas, unas formas, etc.
- Las actividades buscarán garantizar la participación activa de todos los jugadores, evitando pausas muy prolongadas, propuestas repetitivas; tener en cuenta la disponibilidad motriz por encima de la mecanización gestual.
- Al presentar una tarea a los jugadores tendremos en cuenta:
    - Explicar sus objetivos.
    - Explicar las acciones a desarrollar para alcanzar el objetivo.
    - Explicar la organización: límites espaciales, número de jugadores, tipo de marcaje, si hay o no fuera de juego, sistema de juego (si se utiliza), número de toques, formas de finalizar y todas las reglas de interés.
    - Estas explicaciones serán cortas y concretas y podrán ir acompañadas de demostración por parte de un grupo de jugadores. De esta manera, aclararemos dudas.
- Con el fin de asegurar la continuidad de las tareas será conveniente disponer de pelotas a los límites del espacio de juego y al interior de las porterías (si hay) con tal de no perder tiempo cuando una pelota sale fuera del campo delimitado.
- Entre ejercicios, se establecerá un periodo de pausa activa (más o menos largo) para realizar ejercicios de estiramientos, reponer líquidos, analizar la práctica, etc.
- A la finalización de las formas jugadas (y especialmente a la conclusión del entrenamiento) se realizará una fase de vuelta a la calma a través de carreras suaves y ejercicios de estiramientos.

6.7.- GRÁFICA RESUMEN

Todos los aspectos relacionados con los ciclos de entrenamiento y su periodización quedan detallados en el Capítulo desarrollado "Primera Parte: Marco Teórico". A modo de resumen, adjuntamos esta tabla donde se visualiza, de manera general, la ubicación de los diferentes periodos de entrenamiento dentro del ciclo anual.

MACROCICLO	MESOCICLO	MICROCICLO	NÚMERO SEMANA	MES
PREPARATORIO (PRETEMPORADA)	A	AJUSTE	1	AGOSTO
		CARGA	2	AGOSTO
		CARGA	3	SEPTIEMBRE
		IMPACTO I	4	SEPTIEMBRE
		IMPACTO II	5	SEPTIEMBRE
	T	ACTIVACIÓN	6	SEPTIEMBRE
		ACTIVACIÓN	7	SEPTIEMBRE
	R	COMPETICIÓN	8	SEPTIEMBRE
COMPETITIVO I	A	CARGA	9	OCTUBRE
		IMPACTO I	10	OCTUBRE
		IMPACTO II	11	OCTUBRE
	T	ACTIVACIÓN	12	OCTUBRE
		ACTIVACIÓN	13	NOVIEMBRE
	R	COMPETICIÓN	14	NOVIEMBRE
COMPETITIVO II	A	CARGA	15	NOVIEMBRE
		IMPACTO I	16	NOVIEMBRE
		IMPACTO II	17	DICIEMBRE
	T	ACTIVACIÓN	18	DICIEMBRE
	R	COMPETICIÓN	19	DICIEMBRE
		RECUPERADOR	20	DICIEMBRE
TRANSITORIO		CONSERVADOR	21	ENERO
COMPETITIVO III	A	CARGA	22	ENERO
		IMPACTO I	23	ENERO
		IMPACTO II	24	ENERO
	T	ACTIVACIÓN	25	FEBRERO
		ACTIVACIÓN	26	FEBRERO
	R	COMPETICIÓN	27	FEBRERO
COMPETITIVO IV	A	CARGA	28	FEBRERO
		IMPACTO I	29	MARZO
		IMPACTO II	30	MARZO
	T	ACTIVACIÓN	31	MARZO
		ACTIVACIÓN	32	MARZO
	R	COMPETICIÓN	33	MARZO
COMPETITIVO V	A	CARGA	34	ABRIL
		IMPACTO I	35	ABRIL
		IMPACTO II	36	ABRIL
	T	ACTIVACIÓN	37	ABRIL
		ACTIVACIÓN	38	MAYO
	R	COMPETICIÓN	39	MAYO

CONTENIDOS TÉCNICO-TÁCTICOS Y FÍSICOS DE ENTRENAMIENTO

Para los contenidos tanto físicos como técnico-tácticos de entrenamiento así como para los tests de campo, se han seguido las premisas detalladas en "Primera Parte: Marco Teórico" (capítulos 3, 4 y 5 respectivamente).

6.8. ORIENTACIONES PARA LA PLANIFICACIÓN DE LOS CONTENIDOS TÉCNICO-TÁCTICOS DE ENTRENAMIENTO

No es la finalidad de ésta obra profundizar en aspectos específicos y propios de la técnica y la táctica del deporte del fútbol dado que en el mercado ya existe un buen número de publicaciones que se refieren de manera detallada y concreta a los diferentes elementos técnicos (sus características, sus formas de trabajo, etc.) y a todo el entramado táctico que rodea este deporte (sistemas de juego, tipo de defensas y ataques, etc.). En este capítulo sólo hacemos una aproximación rápida a los aspectos más relevantes de la técnica y la táctica que el técnico tendrá en cuenta a la hora de afrontar una planificación de un equipo de fútbol base.

6.8.1. SISTEMA DE JUEGO

Sabemos del gran abanico de posibilidades de qué dispone el entrenador a la hora de situar a los jugadores sobre el terreno de juego en el momento del partido. Todos los sistemas de juego presentan unas características lo bastante definidas y diferentes las unas de las otras y, por lo tanto, la elección del sistema que acabaremos utilizando, requerirá de un análisis previo de factores bien diversos que van desde las características propias del equipo con que contamos hasta la competición y rivales con que nos encontraremos o, por qué no, de nuestros gustos personales (de nuestra filosofía de juego).

Dos autores que comentan de manera lo bastante acertada las generalidades de cada sistema de juego son los técnicos vascos Mikel Etxarri y Jesús Zamora en su obra "Manual de Fútbol. Desarrollo de Conceptos Tàcticos en diferentes Sistemas de Juego" (Librerías Deportivas Esteban Sanz, 2003). A esta obra nos remitimos.

Así pues, habiendo analizado la situación particular en que nos encontramos con el fin de escoger, acto seguido, 'nuestro' sistema de juego, lo que nos quedará prever (planificar) es la manera cómo lo entrenaremos, la metodología que utilizaremos. Al respecto, comentamos los principales aspectos metodológicos del trabajo de cariz táctico que a nivel de sistemas de juego creemos más interesantes para las etapas formativas de los jóvenes futbolistas. A pesar de que preferentemente (básicamente por la falta de tiempo) proponemos trabajar la técnica y la táctica en base a situaciones de partido (partidos de entrenamiento, amistosos, etc.) también contemplamos otros tipos de trabajos:

a) Trabajos por líneas (marcaje zonal, mixto...).

b) Trabajo por lugares específicos (a modo de acciones combinatorias o automatismos).

c) Trabajo de recordatorio táctico general (comentarios orales o en pizarra de cariz teórico en concepto de recordatorio). Connotaciones cortas y claras.

d) Trabajo de contextualización (superioridad atacante, superioridad defensiva, handicaps,...).

Periodización/Ubicación Temporal. A nivel general, podemos decir que el trabajo de los sistemas de juego y de todo el entramado técnico-táctico general puede ser trabajado cualquier día de la semana (siempre y cuando respetamos las cargas físicas de cada sesión). En una visión general de la temporada, podríamos hablar de una mayor concentración de trabajo táctico durante la segunda mitad de la pre-temporada e inicio de la temporada (etapa básica de asimilación de los conceptos técnico-tácticos).

6.8.2. ORGANIZACIÓN DEL EQUIPO Y FORMA DE JUGAR

Dejando ya de lado el sistema de juego, aquí nos referiremos, en términos generales, a los recursos tácticos sobre los cuales hace falta trabajar e incidir de manera específica a lo largo de la temporada.

a) Táctica ofensiva o de ataque

A nivel ofensivo, y nuevamente teniendo en cuenta los puntos fuertes y las debilidades del global de jugadores de que se dispone, se apostará por un tipo de ataque u otro (posicional, combinativo, directo, por las bandas, etc).

- En este apartado incluiremos el trabajo de aspectos como:
- Circulación rápida y constante de pelota (mediante, por ejemplo, partidos tema, conservación o mantenimiento, con o sin límites de toques).
- Movilidad constante de los jugadores con ayudas permanentes, búsqueda de espacios libres (también su creación y ocupación), y creación de superioridad numérica.
- Amplitud y profundidad.
- Cambios de ritmo.
- Etc.

También en este punto haremos incidencia en las zonas del campo por donde conducir los ataques. Así, podremos hablar de la utilización de las bandas (ej: partidos tema con límite de toques en los carriles centrales) o del avance por los carriles centrales.

b) Táctica defensiva

El tipo de marcaje con que hay que trabajar en fútbol base en etapas de especialización tiene que ser, ineludiblemente, de tipo zonal (responsabilidad de cada jugador sobre una zona del campo y sobre los jugadores contrarios que penetren) aunque en contadas ocasiones, podemos usar otros tipos de defensas (marcaje al hombre, etc.). Dentro de esta defensa zonal, a nivel de entrenamientos, se incidirá en:

- Comunicación entre los diferentes componentes del equipo (especialmente entre los que ocupan zonas "vecinas"), recordando que uno de los puntos débiles de la defensa de tipo zonal son los espacios compartidos entre zonas que llevan a con-fusión entre defensores si se olvida el aspecto comunicativo.
- Marcajes estrictos en las zonas. Si el rival está cerca de nuestra portería, este hecho se intensifica.
- Perfeccionamiento de los fundamentos defensivos (ya que si no se dominan, la zona pierde su eficacia).
- Y, además: concentración, análisis continuado del juego y responsabilidad.

Organizaciones defensivas: Para profundizar en todo el abanico de aspectos que nos ofrece este apartado (tipo de repliegues, pressing, etc.) nos remitimos, nuevamente a autores de referencia como Conde M. o Alonso A.

Hacemos un inciso en el pressing dado que constatamos que se trata de uno de los aspectos defensivos más trabajados a nivel formativo. No comentamos el abanico de posibilidades que tenemos con respecto a maneras y tipo de pressings (nuevamente nos basaremos en las características de nuestro equipo para definirnos por una u otra opción) pero si que señalamos los medios de entrenamiento que creemos más acertados para el trabajo en cuestión. Se centran, primordialmente, en 2 maneras o formas de trabajo:

a) Juegos de conservación de pelota con objetivos específicos de pressing (presión al hombre con pelota, cortar líneas de paso, ocupación racional de los espacios, distancias y, sobre todo: actitud defensiva para recuperar la pelota).

b) Partidos tema y situaciones simplificadas de juego real (por líneas, etc.) donde, además de los anteriores aspectos, se pueden trabajar los movimientos específicos del pressing colectivo.

c) Transiciones

. Defensa-ataque: pensamos que hay que trabajarlo en la siguiente dirección: asegurar el primer pase después de la recuperación (pase fácil para asegurar la posesión) si no se trata de una situación muy evidente con posibilidades por sorpresa o de lanzar el contraataque.

. Ataque-defensa: en este caso, proponemos que el/los jugador/es más próximo a la pelota presione/n para evitar la salida rápido y fácil del rival temporizando para esperar el repliegue del resto de compañeros. En esta línea se pueden trabajar, también, las faltas nombradas "tácticas".

6.8.3. AUTOMATISMOS

En fútbol base, daremos una importancia relativa a los automatismos (principalmente, por la carencia de tiempo) y priorizaremos otros aspectos del entrenamiento. No obstante, aunque no podremos insistir demasiado en estos tipos de trabajos, si que podemos hacer una aproximación por dotar a los jugadores de soluciones ante situaciones concretas del juego (por ejemplo, una salida en largo ante el pressing de ataque del equipo rival).

Aprovechamos la ocasión para hacer alguna referencia metodológica en relación a esta clase de trabajos, poco comunes, pero interesantes de ir introduciendo paulatinamente en etapas de especialización. Para la asimilación de un automatismo creemos que lo más acertado es trabajar en base a medios como: circuitos y acciones combinatorias, situaciones con hándicap o partidos y juegos tema. Por lo tanto, como vemos, siempre se tratará de mecanismos de trabajo integrados dentro de apartados técnicos, tácticos o físicos.

Otros aspectos a considerar al pretender la asimilación de un automatismo por parte del grupo que dirigimos, serían:

- Confeccionar ejercicios en forma de ruedas que permitan a los jugadores una adaptación a las funciones a realizar y a los esfuerzos físicos que éstos plantean (permitiendo que se trabaje a la posición).
- Introducción progresiva de adversarios.
- Incluir finalización (pensamos que es un trabajo de repeticiones y se puede convertir en monótono).
- Trabajar por las dos bandas.

Por otra parte, en su aplicación, el entrenador puede hacer incidencia en:

- Timming en la acción de los jugadores (gesto correcto en el momento oportuno).
- Velocidad de percepción y ejecución de la acción.
- Variación del ritmo de las acciones (de rápido a lento y, sobre todo, de lento a rápido).
- Intensidad (en ciertas ocasiones, exigir la intensidad propia de las situaciones de partido).

Ubicación temporal dentro de la semana. La ubicación en que pensamos que es más acertado incluir los automatismos es los días previos a partido (aprovechando su posibilidad de integración dentro del trabajo de velocidad) o a cualquiera de las otras sesiones que conforman el microciclo de entrenamiento si los trabajamos dentro de situaciones de juego real (partidos o juegos tema).

6.8.4. JUGADAS DE ESTRATEGIA

Del hecho ineludible de qué gran parte de los goles, en el fútbol, llegan a balón parado (diversos estudios hablan de un 30%) consideramos las acciones de estrategia como uno de los elementos más importantes en el entrenamiento del fútbol, ya desde categorías inferiores. Así pues, el preparador de todo equipo, esta vez sí, colocará la estrategia en un lugar preferente de su planificación anual.

Así, insistiremos sin excepción en todo el gran abanico de posibilidades estratégicas que el deporte del fútbol da: libres (directos e indirectos) en diferentes ubicaciones del campo, córners, penaltis o saques de banda, iniciales y de portería. En algunos casos insistiremos en las jugadas, de manera particular, en el transcurso de las sesiones de entrenamientos y sobre el terreno de juego y en otros casos sencillamente nos referiremos oralmente o haremos breves comentarios o indicaciones. En este sentido, la falta de tiempo o la posible buena capacidad de los jugadores para desarrollarse favorablemente en este tipo de jugadas sin necesidad de un trabajo específico previo nos determinará en buena manera el grado de insistencia que tendremos que tener.

Metodológicamente, señalamos las siguientes premisas:

- Primero, se procurará inculcar una 'cultura' y un 'ambiente' propicio para el trabajo estratégico, buscando conseguir que el jugador crea en el trabajo de estrategia, y que la considere importante, útil, válida, eficaz.
- Se destinará el viernes como día específico de la semana para trabajar la estrategia como 'bloque de trabajo' (dejando abierta

la posibilidad a cambios puntuales: cambios de día o semana en que no se trabajará la estrategia). Otros días, se puede trabajar como 'recordatorio'. El tiempo que se destinará no superará los 10-20 minutos.

- Dentro de la sesión, se ubicará en la parte principal (el jugador ya está calentado y psicológicamente preparado). Al Inicio supondría cierta pérdida de tiempo (requiere un buen calentamiento) y en la parte final el jugador está cansado a nivel físico y psicológico.

- En la aplicación práctica del trabajo, se exigirá un nivel alto de concentración-actitud.

- Preferentemente se trabajará con integración dentro de un circuito; siendo el trabajo de estrategia (una jugada o una parte de ésta), uno de las **postas** que lo integrarán. Ésta irá siempre bajo la supervisión directa del entrenador.

- Además, se tendrá mucho en cuenta que:

  • La calidad técnica (especialmente la del lanzador) será la responsable del nivel de ejecución.
  • El entrenamiento con repeticiones es la base del rendimiento.
  • En las faltas, utilizaremos la 'valla metálica' de que disponemos como "barrera" y en ningún caso a los jugadores (es desmotivante, jugador parado, disputas...).
  • También en las faltas, utilizaremos estrategias como acercar la barrera 1-3 metros para aumentar la dificultad de la acción y 'afinar' más la ejecución. Es, además, con lo que nos encontraremos durante la competición real.

En otra línea de cosas, hay que comentar que sería propicio alcanzar un buen dominio de todas las acciones de estrategia que se quieren trabajar, antes de empezar el segundo mes de competición, es decir, durante la pre-temporada y el primer mes de competición. A modo de porcentajes, lo expresamos, esquemáticamente, de la siguiente manera:

NOTA: *Durante la temporada, los equipos harán un trabajo de perfeccionamiento (en función del rival, del momento del equipo, etc.). Se procurará mantener, mejorar o en último caso, incorporar nuevas jugadas.*

Exponemos, acto seguido, una posibilidad de aplicación del trabajo de estrategia en el entrenamiento, a modo de 'pasos':

- El primer día de trabajo de estrategia y antes del inicio de la sesión, entrega de una hoja de apoyo donde se muestra el gráfico de las acciones a realizar con una breve explicación.
- En cada sesión de entrenamiento en que se trabaje la estrategia como 'bloque':
- Explicación teórica clara (1).
- Trabajo sin adversarios y a baja velocidad (4).
- Trabajo sin adversarios (o adversarios pasivos) a velocidad real (10).
- Trabajo con situación real de juego (en partidos de entrenamiento, amistosos...).

No hay que decir, que las jugadas concretas sobre las cuales se trabajará, se decidirán, otra vez, a partir del análisis de las características específicas de los jugadores.

La estrategia defensiva. La mayoría de los puntos comentados hasta el momento, se refieren a los aspectos ofensivos del trabajo de estrategia. El aspecto defensivo, evidentemente, también se tendrá que trabajar sobre todo en córners y libres directos e indirectos donde se contemple la posibilidad de jugadas de estrategia del equipo rival. Para el efecto, creemos que lo más idóneo es utilizar un marcaje mixto donde la mayoría de jugadores marquen al hombre (emparejándose por alturas, etc.) mientras el resto tapan determinadas zonas. Convendrá no olvidar ningún aspecto y asignar funciones concretas a los jugadores (teniendo en cuenta sus características) en base a cada situación concreta: quién se ocupa de los marcajes, quién se pone en la barrera si hay, quién se coloca en zona de rechazo o quién permanece en posición de vigilancia.

6.8.5. PREPARACIÓN ESPECÍFICA DEL PORTERO

Sin profundizar exhaustivamente, lo que pretendemos en este apartado es repasar los factores más destacados que se tienen en cuenta a la hora de planificar el entrenamiento del portero de fútbol base.

No hay que decir que la posición de portero presenta unas características muy diferentes a las del resto de componentes de un equipo y que, por lo tanto, requiere un entrenamiento y, a su vez, una planificación adaptada a esta especificidad.

Disponer, en cada equipo, de un técnico que se ocupe de esta parcela es utópico en prácticamente la totalidad de casos, pero lo que hacen muchas escuelas y clubes de fútbol base con una estructura más o menos compleja es disponer de un técnico especialista en el apartado de porteros y destinar un día a la semana al entrenamiento individualizado de estos especialistas. Creemos que es la fórmula más interesante y a la que tendrían que aspirar todos los clubes. En cualquier caso, este hecho no nos hará olvidar la preparación del portero y, tal como hemos hecho con todo el equipo en general, trabajaremos en base a unos objetivos y diseñaremos las sesiones y las tareas pensando, también, en la figura del portero.

Objetivos del trabajo con porteros. A nivel general, y tomando como referencia las indicaciones que Batanea F. J. (2002) hace del entrenamiento integrado del portero de fútbol, podemos nombrar a los siguientes puntos como objetivos específicos que hay que trabajar:

CAPACIDADES FÍSICAS		ASPECTOS TÉCNICOS	ASPECTOS TÁCTICOS	ASPECTOS PSICOLÓGICOS
Condicionales	Coordinativas			
Resistencia Flexibilidad Velocidad Fuerza	Coordinación Agilidad Habilidad Equilibrio	Blocajes Desvíos Rechaces Prolongaciones Saques Relanzamiento Cierre de ángulos (posicionamiento) Salidas Controles y pases (cesiones)	Defensa del 1x1 Juego de posición Organizador y coordinador de la defensa Recolocación del bloque defensivo Iniciador del ataque Dominio-autoridad del área de penalty	Valentía y decisión Fuerza psicológica Equilibrio Comunicación Seguridad Determinación Confianza Agresividad Compañerismo Orden y método Espíritu de sacrificio

Capítulo 7

ESTRUCTURACIÓN METODOLÓGICA DE LA SESIÓN DE ENTRENAMIENTO EN FÚTBOL-BASE

7.1. PROPUESTA ACTUAL

En la siguiente propuesta de estructuración metodológica, se aplican dos aspectos de estudio y discusión actual en el entrenamiento, como son:

– Controversia entre metodología global y analítica.

– Integración de los distintos aspectos entrenables.

Dicha propuesta ha sido puesta en práctica en diversos niveles del Fútbol Base, adecuándola a las características propias de cada período evolutivo. Concretamente se aplicó en un grupo en su etapa Alevín e Infantil, por tanto, prácticamente desde casi la iniciación al fútbol, hasta su paso a categoría Cadete. Dicho grupo, estaba formado por jugadores que llevaban algunos años de práctica deportiva y otros que realizaban su primer contacto con el fútbol.

El resultado deportivo lo avala la situación de que al llegar a la edad de Cadetes, nueve jugadores de dicha plantilla juegan actualmente en la Primera Categoría Regional, en clubs que representan el máximo nivel competitivo de dicha categoría.

7.2. METODOLOGÍA GLOBAL Y ANALÍTICA

Actualmente existe una controversia sobre el modelo de enseñanza a seguir en la iniciación al fútbol:

– Proceso centrado en la adquisición de elementos tácticos.

– Proceso centrado en la adquisición de elementos técnicos.

En el primero de ellos, basado únicamente en el método de juego, se intenta que el joven adquiera la lógica del juego, y las relaciones de cooperación y oposición que se establecen en el mismo, así como, las adaptaciones que realiza el jugador a las situaciones continuamente cambiantes.

El segundo de ellos, se fundamenta en la adquisición principalmente de los gestos técnicos hasta alcanzar un alto grado de dominio de los mismos a partir de su automatización y que poco a poco se irán aplicando a situaciones reales de juego.

Nuestra propuesta no insiste en la confrontación actual entre método global y método analítico. Según la realidad a que nos lleva la práctica, pensamos que el entrenamiento debe considerar ambas metodologías, siguiendo una línea mixta de trabajo.

Proponemos una estructuración del trabajo que considere tanto el desarrollo de las habilidades técnicas y tácticas, como su utilización en situaciones reales de ejecución, debido a que la calidad de la misma vendrá dada tanto por el dominio de cada habilidad considerándola parcialmente, como de la correcta relación entre ellas.

Cierto es que el joven futbolista aprende mejor los fundamentos del fútbol con el método de juego; pero la calidad de las habilidades individuales no se mejoran óptimamente única y exclusivamente con dichas actividades.

La concepción integrada de ambos métodos dentro de una misma sesión, parte de una estructuración lineal y progresiva hacia la situación real de juego.

Por ello, en la sesión siempre aparecerá el trabajo de los aspectos técnicos, compartidos con aspectos tácticos individuales y colectivos. Así ofrecemos al niño actividades que fomentan la familiarización y aprendizaje de la técnica de base, para pasar progresivamente a actividades de respuesta abierta, en las que pueda poner en práctica los procesos que implican percepción, observación, análisis de la situación y elección de soluciones ante los problemas de diversa índole planteados por la práctica cercana a la situación real.

7.3. INTEGRACIÓN E INTERRELACIÓN DE LOS FACTORES ENTRENABLES.

Esta integración en la sesión de entrenamiento tiene como objetivo el desarrollar lo más ampliamente posible los diferentes componentes que forman parte de la actividad deportiva y competitiva, sin olvidar ni descuidar la interrelación entre ellos.

Un entrenamiento es eficaz si aparecen en el trabajo, puntos de unión entre los distintos componentes, con una estructuración adecuada y coherente de modo que se establezca una lógica interna en la secuenciación propuesta.

Aún así, es sumamente difícil ofrecer el modelo de sesión que conexione del modo más eficaz los aspectos entrenables, ofreciendo una potenciación de los factores generales, de los factores específicos y de las conexiones entre ambos.

7.4. DESARROLLO DE LA ESTRUCTURA METODOLÓGICA PROPUESTA.

La estructura de sesión que se propone, supone una clara progresión hacia la situación real de juego:

- Desde situaciones estáticas a situaciones en movilidad constante.
- Desde actividades sin finalización, hacia actividades con finalización en tiro ó remate a puerta.
- Desde actividades sin oposición, hacia actividades con oposición activa.
- Desde actividades con respuesta cerrada que impliquen una automatización de soluciones, hacia actividades de respuesta abierta de las que el alumno seleccione la opción que crea más conveniente para resolver el problema, dando mayor papel a la creatividad del jugador.
- Desde acciones puramente de mejora de la técnica individual, hacia acciones que favorecen la mejora de la capacidad de juego, es decir, acciones que desarrollan conceptos que vayan cimentando la madurez táctica del individuo.

La técnica es el punto de partida del juego y sin su dominio difícilmente se podrán aprender y ejecutar conceptos tácticos.

El respeto a todas estas progresiones dan coherencia interna a ésta estructura de la sesión y constituye la esencia de la metodología a aplicar.

7.5. OBJETIVOS ESPECÍFICOS.

- Desarrollo y mejora las cualidades físico-deportivas para lograr una práctica exitosa y un óptimo rendimiento.
- Comprensión del aspecto colectivo del juego y compromiso con el sentido de equipo.
- Desarrollo de mentalidad táctica o capacidad de juego, tanto a nivel individual como colectivo.
- Fijación y mejora de los gestos técnicos en función de su realización y de su velocidad de ejecución.

7.6. ESQUEMA DE LA ESTRUCTURA DE SESIÓN

ESTRUCTURACIÓN METODOLÓGICA DE LA SESIÓN DE ENTRENAMIENTO EN FÚTBOL-BASE			
ANIMACIÓN ó CALENTAMIENTO			
PARTE CENTRAL	ACTIVIDADES SIN FINALIZACIÓN (Actividades que no se basan en la consecución del gol)	TÉCNICA ESTÁTICA. Ejercicios para la mejora de la técnica individual ejecutados sin desplazamiento.	S. O.: Sin Oposición S. F.: Sin Finalización R. C.: Respuesta Cerrada
		FÍSICO-TÉCNICO Ejercicios para la mejora de la Técnica Individual y colectiva en continuo desplazamiento.	S. O.: Sin Oposición S. F.: Sin Finalización R. C.: Respuesta Cerrada
		FÍSICO-TÉCNICO-TÁCTICO Juegos globales en terreno reducido de mejora de la posesión del balón en igualdad y desigualdad numérica.	C. O.: Con Oposición S. F.: Sin Finalización R. A.: Respuesta Abierta
	ACTIVIDADES CON FINALIZACIÓN (Actividades que tienen como fin la consecución del gol)	COMBINACIONES TÉCNICO-TÁCTICAS (FIS) Sin Oposición Combinaciones Técnico-Tácticas con finalización en tiro o remate a portería.	S. O.: Sin Oposición C. F.: Con Finalización R. C.: Respuesta Cerrada
		COMBINACIONES TÉCNICO-TÁCTICAS (FIS) Con Oposición Ídem, pero incluyendo la oposición de defensas en la fase final de las combinaciones.	C. O.: Con Oposición C. F.: Con Finalización R. C.: Respuesta Cerrada R. C.: en su inicio R. A.: Respuesta Abierta R. A.: en su finalización
		COMBINACIONES TÉCNICO-TÁCTICAS (FIS) de Actuación Libre Juegos a medio campo con finalización, pero con oposición en el desarrollo de toda la acción.	C. O.: Con Oposición C. F.: Con Finalización R. A.: Respuesta Abierta
	ACTIVIDADES DE APROXIMACIÓN AL JUEGO REAL	JUEGOS TÁCTICOS	Juegos con reglas adaptadas y formas de finalización diversa.	C. O.: Con Oposición C. F.: Con Finalización R. A.: Respuesta Abierta
		PARTIDOS ORIENTADOS	Partidos a 1/2 campo y campo completo con orientación y corrección por el Entrenador.	
		PARTIDOS LIBRES	Partidos a 1/2 campo y campo completo. Culminación del proceso metodológico.	
	ED. FÍSICA / PREP. FÍSICA	Desarrollo de las Cualidades Coordinativas y/o Físicas según la edad de aplicación.	- Actividades para la mejora de las Cualidades Físicas: Flexibilidad, Agilidad, Fuerza, Resistencia, Velocidad. - Actividades para la mejora de las Cualidades Coordinativas	
NORMALIZACIÓN ó VUELTA A LA CALMA			

7.7. FICHA PRÁCTICA

FICHA DE ENTRTO.		MESOCICLO		MICROCICLO	
EQUIPO		CATEGORÍA	FECHA	TEMPORADA	
OBJETIVOS GENERALES					
OBJETIVOS TÉCNICOS			**OBJETIVOS TÁCTICOS**		
OBJETIVOS FÍSICOS			**OBJ. PSICOLÓGICOS**		
	**1. CALENTAMIENTO / ANIMACIÓN**				

1. CALENTAMIENTO / ANIMACIÓN			
Actividades		Juego Nº 1	
		Juego Nº 2	

2.A. ACTIVIDADES SIN FINALIZACIÓN: TÉCNICA ESTÁTICA			
Ejercicio Nº 1		Ejercicio Nº 2	
Ejercicio Nº 3		Ejercicio Nº 4	

2.B. ACTIVIDADES SIN FINALIZACIÓN: FÍSICO TÉCNICO			
Ejercicio Nº 1		Ejercicio Nº 2	
Ejercicio Nº 3		Ejercicio Nº 4	

2.C. ACTIVIDADES SIN FINALIZACIÓN: FÍSICO TÉCNICO TÁCTICO			
Juego Nº 1		Juego Nº 2	

3.1. ACTIVIDADES CON FINALIZACIÓN: **COMBINACIONES TÉCNICO – TÁCTICAS SIN OPOSICIÓN**			
Actividad Nº 1		Actividad Nº 2	

3.2 y 3.3. ACTIVIDADES CON FINALIZACIÓN: **COMBINACIONES TÉCNICO – TÁCTICAS CON OPOSICIÓN**			
Actividad Nº 1 (Oposición A)		Actividad Nº 2 (Oposición B)	

JUEGOS TÁCTICOS	PARTIDOS ORIENTADOS		PREPARACIÓN FÍSICA
	Unidad Didáctica Capacidad de Juego		
	PARTIDOS LIBRES		NORMALIZACIÓN / V. CALMA
			CHARLA FINAL CON PLANTILLA

Capítulo 8

EVALUACIÓN

8.1. DEFINICIÓN

Gil Madrona, Pedro (2004), después de analizar las definiciones de varios autores, resalta que todas ellas convergen en que se trata de una planificación, un diseño metodológico en la recogida de datos, una interpretación de los mismos y un juicio de valor sobre el estudio evaluado, de donde habrá una toma de decisiones de mejora acerca del programa, material o centro, para cambiar, continuar, ampliar, modificar o suprimir.

Giménez Fuentes-Guerra, Francisco Javier y Sáenz-López Buñuel, Pedro (2003: 87), con respecto a la evaluación dicen:

> *"La evaluación es, en todos los niveles educativos uno de los elementos mas complejos y, sin duda, el mas conflictivo y en el entrenamiento deportivo, esos problemas se acentúan.*
>
> *La evaluación no indica una medida exacta y cuantitativa, sino que se trata de un concepto dinámico y continuo de información sobre cambios de conducta del individuo. Del mismo modo, no debe ser el jugador/a, el único objeto de la evaluación, pues debemos incluir en la misma al entrenador/a y al proceso.*
>
> *Las características básicas que debe tener el proceso de evaluación las concretan, Stufflebeam y Shinkfield (1987), en cuatro:*
>
> - *ÚTIL. En el sentido que debe ayudar a las personas implicadas a identificar los aspectos positivos y negativos, informando de cómo mejorar estos últimos.*
> - *FACTIBLE. Utilizando procedimientos que puedan llevarse a la práctica sin dificultad.*
> - *ÉTICA. Basada en compromisos explícitos.*
> - *EXACTA. Describiendo con claridad el objeto de evaluación en su evolución y contexto."*

8.2. IMPORTANCIA DE LA EVALUACIÓN EN EL FÚTBOL FORMATIVO

Refiriéndose a la evaluación en el fútbol base, De León Arpón, Miguel (2005:27-28), dice lo siguiente:

"Una planificación sin un sistema de evaluación es como una excursión con los ojos vendados. Si no sabemos desde dónde partimos, por dónde vamos y si hemos llegado o no a nuestro destino, el viaje será una incógnita, lleno de caídas y con pocas posibilidades de éxito. La evaluación es parte del propio proceso de enseñanza/aprendizaje, no un añadido que nos quita tiempo para hacer otras cosas.

Las características de la evaluación sintonizan con la orientación metodológica y la propuesta de objetivos y contenidos. En este sentido es una evaluación integral de los aspectos cuantitativos y cualitativos de la planificación y sus protagonistas. Será una evaluación con vocación formativa más que sumativa al comienzo de la etapa para invertir los términos según los jugadores progresan en madurez y/o nivel competitivo.

Una base datos de jugadores, en la que se reflejen datos personales, lesiones que ha sufrido, los puntos fuertes y débiles a nivel técnico, táctico, físico y psicológico/afectivo, etc., permitirá realizar un seguimiento de su progreso, introducir medidas de atención individualizada, detectar talentos y, en definitiva, mejorar el proceso de enseñanza/aprendizaje."

En la figura siguiente se expresa resumidamente una propuesta de sistema de evaluación para el fútbol base.

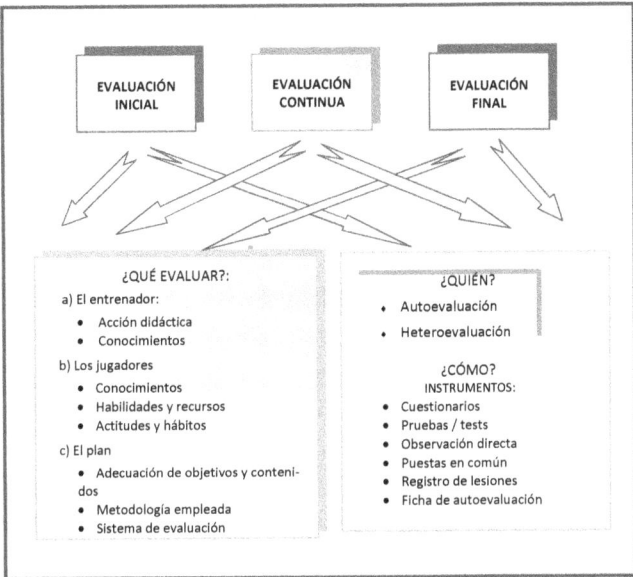

Fuente: de León Arpón (2005)

8.3. ÁMBITOS A EVALUAR

Adaptando lo expresado por Giménez y Sáenz López (2003), en el Fútbol Formativo, la evaluación del proceso de enseñanza-aprendizaje debería abarcar a los tres ámbitos del comportamiento humano: motriz, cognitivo y afectivo-social:

ÁMBITOS	ASPECTOS	INSTRUMENTOS
COGNITIVO	-Reglamento -Nociones de higiene, de preparación física o de nutrición -Aspectos técnico-tácticos y estratégicos -Creatividad	*Pruebas teórico-prácticas *Cuestionarios *Entrevistas *Observación
AFECTIVO	-Motivación -Intereses -Actitudes sociales -Autoestima	*Observación *Listas de control *Sociograma *Autoevaluación
MOTRIZ	-Datos físicos -Condición física -Gestos técnico-tácticos	*Medición corporal *Test *Pruebas motrices *Observación

Ámbitos y aspectos a evaluar. Fuente: Giménez Fuentes-Guerra y Sáenz López(2003)

8.4. BASES PARA LA EVALUACIÓN A REALIZAR EN EL FÚTBOL FORMATIVO

Perea Villena, Pablo (en Torres Martín, César e Hiniesta Molina, Jesús A., 2009 – pp 336-337), analiza los medios e instrumentos básicos de evaluación del aprendizaje en balonmano, y dado que lo consideramos aplicable al fútbol formativo, incluimos a continuación lo expuesto por el referido autor:

Los medios e instrumentos básicos de evaluación del aprendizaje en el balonmano

La estructura de la evaluación en las etapas de formación (base) debe abarcar, según Antón (1990), cuatro *dimensiones observables*:

- *Rendimiento*, referido a la eficacia del/a jugador/a
- *Conocimiento técnico-táctico*, de la actividad y el reglamento
- *Conducta motriz*, que comprende inteligencia motriz, dominio de gestos y adecuación de acciones a exigencias del juego
- *Comportamiento*, el cual incluye voluntad, motivación, iniciativa y participación

La evaluación, en síntesis, debe ser planteada básicamente en situaciones de juego real, centrando la atención fundamentalmente en la integración y asimilación de hechos tácticos. Es más importante que un jugador sea capaz de percibir, comprender y participar activamente en determinadas situaciones de juego, que domine la técnica sin saber aplicarla (Antón, 1990).

La evaluación del proceso de aprendizaje del/a jugador/a de balonmano debe ser continua, y a lo largo de ella se establecen una serie de modelos de comportamiento que definen los distintos estadios de juego en que se encuadra el individuo según las diferentes situaciones prácticas. Se tratará, por tanto, de hacer controles diarios con anotaciones de las prácticas, evaluación de las metas de aprendizaje técnico-táctico individual y la posibilidad de evaluar éstos encadenados. Atendiendo a ciertos criterios de valoración, Antón (1990) establece los siguientes criterios de contenidos:

a) *Volumen de juego*: valoración de las zonas de intervención importantes, número de veces de participación, ocupación intensa y efectiva del jugador/a.

b) *Acciones decisivas*: valoración de la importancia de las acciones en proximidad a portería, lanzamientos, interceptaciones, etc. (ataque-defensa).

c) *Colocación descolocación*: percepción del espacio de juego y sus elementos, ocupación de espacios libres.

d) *Actitud en la lucha individual*: toma de iniciativa en espacios próximos al oponente, anticipación de acciones, etc.

e) *Inteligencia motriz en el juego*: percepción espacio-temporal, elección de soluciones idóneas en cada momento, etc.

f) *Capacidades técnicas*: utilización de recursos, variedad de lanzamientos, precisión, calidad de pases y recepciones, etc.

Por otro lado, podemos establecer pruebas específicas que midan las distintas capacidades. Así por ejemplo de la técnica, se pueden confeccionar respecto al lanzamiento (nº de veces que se da en un blanco determinado); al bote (tiempo en recorrer ciertas distancias); al manejo (movimiento de brazos sin que se caiga el balón); igualmente desde el punto de vista de la táctica podemos establecer pruebas que midan el número de veces de interceptaciones de balón, de ayudas defensivas, o de iniciaciones colectivas.

Por último, se podrían montar recorridos técnicos más complejos en los que se enlacen diversos comportamientos motores: cambio de dirección en carrera, orientaciones, lanzamientos a portería, pases y recepciones en carrera, etc., realizándolos de forma continua y midiendo el tiempo total en realizarlos. Todo ello podrá, en suma, dar una idea bastante definida del grado de progresión del niño y de su captación del aprendizaje.

Los principales **métodos y técnicas** utilizados en las ciencias de la actividad física y el deporte van a ser adaptados para la evaluación del proceso de aprendizaje del jugador/a de balonmano. Destacan los siguientes:

- *Técnicas de observación*. Sirven fundamentalmente para recoger información de aquellos factores relacionados con el proceso de aprendizaje que no pueden ser medidos cuantitativamente.
- Su instrumento más utilizado va a ser las escalas y cuadros de valoración u hojas de observación, a través de las cuales podemos evaluar tanto las actitudes como acciones técnico-tácticas.
- *Técnicas de información directa*. Pretenden obtener información a partir de las respuestas que los/as jugadores/as dan a una serie de preguntas que se les plantean. Sus instrumentos más utilizados son los cuestionarios y las entrevistas.
- *Pruebas específicas*. Son las técnicas más usadas y adecuadas para la evaluación del proceso de enseñanza del balonmano, por su fiabilidad y validez. Dentro de ellas destacan los siguientes instrumentos:
    - Preguntas directas (exámenes de conocimientos).
    - Test de habilidades técnico-tácticas, condición física y cualidad motriz.

- Batería o grupo de test de habilidades técnico-tácticas, condición física y cualidad motriz.

8.5. LA EVALUACIÓN DEL ENTRENADOR EN EL FÚTBOL FORMATIVO

Lo expuesto por Cañizares, José María (2009–415), con relación a la Evaluación del Profesorado, lo consideramos adaptable a la Evaluación del Entrenador en el Fútbol Formativo:

EVALUACIÓN DEL PROFESORADO.

Que el profesorado sea también sometido a evaluación es una necesidad que debe ser asumida con criterios positivos. No se trata de una actuación de control o fiscalizadora; todo lo contrario, ha de ser una acción claramente orientadora, estimulante, y parte esencial del proceso de formación permanente del profesorado (Díaz, 2005). La evaluación del mismo reúne varias finalidades (Blázquez, 1993):

- Conseguir una auténtica calidad de la enseñanza.
- Mejorar la función docente y estimular el reconocimiento de su labor.
- Permitir que su trabajo-acción pueda ser sometido a un proceso de reflexión crítica que se convierta en uno de los elementos de su formación y perfeccionamiento.
- Podemos añadir que es un elemento favorecedor de su actualización profesional.

Sales (2001), propone varias líneas de evaluación del maestro: auto-observación, observador externo (compañero), opiniones del alumnado en asambleas o mediante la aplicación de cuestionarios y realizando grabaciones en formato vídeo (autoscopia).

8.6. EVALUACIÓN DEL PROCESO DE ENSEÑANZA / APRENDIZAJE EN EL FÚTBOL FORMATIVO

8.6.1. EVALUACIÓN DEL PROCESO DE ENTRENAMIENTO

García Herrero, Juan Antonio (2006 – 189-190), analiza la evaluación del proceso de entrenamiento y del referido autor, incluimos lo siguiente:

La evaluación es la fase de la planificación que permite realimentar la intervención del entrenador con el equipo. Sin la evaluación, el proceso de entrenamiento se convierte en un proceso lineal donde las posibilidades del entrenador de cambiar, confirmar, reorientar, flexibilizar o eliminar elementos de la planificación no existen. El objetivo por tanto, es transformar ese proceso lineal en una estructura circular que permita poder interrelacionar las distintas partes de la planificación y testarlas para comprobar su eficacia.

Para Blázquez (1992), la evaluación no es simplemente la medición o valoración de las cuestiones relacionadas con los alumnos o los jugadores, sino que ésta puede atender a recoger información sobre:

- el educador o entrenador;
- los alumnos o jugadores;
- el programa de aprendizaje;
- el proceso de aprendizaje.
- la estructura de la planificación
- Etc.

Respetando esto y atendiendo al comportamiento que los jugadores desarrollan en los entrenamientos y en los partidos, hemos identificado una serie de aspectos que pueden ser evaluados por los entrenadores para mejorar el rendimiento de los jugadores. En el alto rendimiento deportivo, cada vez más la evaluación de los jugadores se realiza por equipos multiprofesionales que aportan valores de interés al entrenador, así, es frecuente encontrar a médicos, psicólogos, preparadores físicos y fisioterapeutas que evalúan distintos aspectos que pueden afectar al rendimiento deportivo. Intentaremos ofrecer herramientas de evaluación que puedan ser empleadas por los entrenadores sin necesidad de disponer de una gran infraestructura, aunque en algunos aspectos de la evaluación cuando se simplifican las herramientas de medida puede perderse sensibilidad en el elemento evaluado (cuestión que llevaría a ser prudentes en la interpretación de los datos obtenidos de la evaluación). Continuamos con lo expresado por García Herrero (2006), que identifica varios ámbitos en los que puede realizarse el proceso de evaluación y los incluye en el siguiente cuadro:

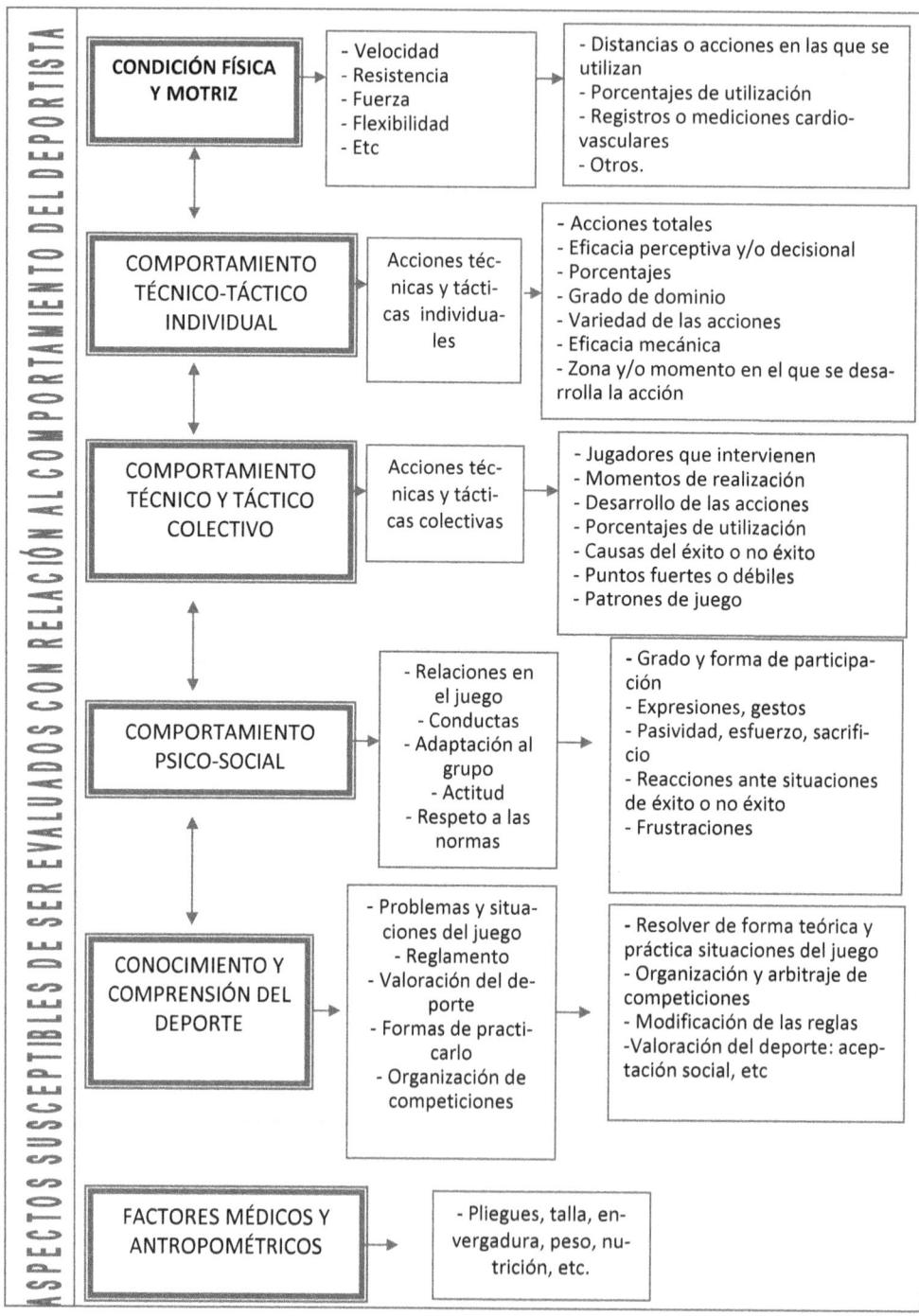

Aspectos susceptibles de ser evaluados con relación al comportamiento del deportista. (Fuente: García Herrero, 2006)

8.6.2. EVALUACIÓN DE LA ACCIÓN DIDÁCTICA

Adaptando, también, lo expresado por Cañizares, José María (2009 – pp. 414-415), con relación a la Evaluación del proceso de enseñanza, incluimos lo siguiente, con relación a la Evaluación de la acción didáctica en el Fútbol Formativo:

La L. O. E. (2006), en su título VI, expresa que la evaluación del sistema educativo es un elemento fundamental para la mejora de la educación.

La evaluación del proceso implica que todas las fases de la acción didáctica deben ser objeto de evaluación, es decir (Blázquez, 1993):

CC. BB. → Objetivos → Contenidos→ Actividades→ Metodología y Recursos→ Evaluación

a. Evaluación de las competencias básicas.
- Se trata de averiguar el grado de consecución de las competencias básicas.

b. Evaluación de los objetivos.
- La continuidad entre los objetivos de Etapa, Área, Ciclo... Se trata de saber si los objetivos más concretos son instrumentales en función de la consecución de los objetivos más generales.
- La pertinencia o actualidad de los objetivos: en qué medida los objetivos propuestos responden a las necesidades actuales.

c. Evaluación de los contenidos.
- La vinculación objetivo-contenido responde hasta qué punto éstos han sido apropiados para la consecución de aquéllos, bien por su relación directa, bien por transferencia. Su proporción vertical-horizontal.

d. Evaluación de las actividades.
- Surgen a partir de los contenidos. Es preciso reflexionar si son adecuadas para satisfacer a los contenidos y conseguir los objetivos formulados. También si son apropiadas al grupo según su madurez, intereses, aprendizajes previos, etc. de aquél. Igualmente si son seguras y no plantean riesgos.

e. Evaluación de la metodología.
- Hay que considerar la organización grupal, técnica de enseñanza, estrategia en la práctica, relación trabajo/pausa, estilos de enseñanza utilizados, clima de aula, las diferencias individuales, etc.

f. Evaluación de los recursos.
- El aprovechamiento de los recursos de todo tipo con que cuente el centro: materiales, personales, humanos, espaciales... y ambientales.
- Su idoneidad, seguridad, capacidad para motivar, su multifuncionalidad, etc.

g. Evaluación del sistema de evaluación. (Metaevaluación).
- Una vez que el profesorado evalúa todo lo anterior en el documento de evaluación, a través de técnicas de observación, se vuelve a comprobar-evaluar si los procesos que ha realizado se corresponden con la realidad del centro: alumnos, docentes, etc. y a través de esa "evaluación de la evaluación", el maestro y la maestra investigan y reflexionan sobre su propia **práctica**.
- Es, en cierto modo, un proceso de feedback ya que el docente obtiene una información de lo realizado y pone las medidas correctoras oportunas para mejorar la calidad de su enseñanza, que es en definitiva de lo que se trata.

También se puede evaluar la "fase **práctica o realización**" (Sales, 2001). Se trata de **comparar** las previsiones realizadas por el maestro o maestra antes de efectuar el acto educativo y la realidad surgida con el alumnado. Obviamente, la fase práctica la podemos **incluir** directamente en cada uno de los **puntos** anteriores.

Debemos evaluar los procesos de enseñanza y el P. C. y no exclusivamente a alumnas y alumnos, como tradicionalmente se ha venido haciendo. La evaluación de la enseñanza y de la práctica docente deberá abordar, al menos, los siguientes aspectos:

- La organización del aula y el aprovechamiento de los recursos del centro.
- El carácter de las relaciones entre el profesorado, entre éste y el alumnado, así como la convivencia entre alumnas y alumnos.
- La coordinación entre los órganos y personas responsables en el Centro de la planificación y desarrollo de la práctica docente: Equipo Directivo, Claustro de Profesores, Equipo Técnico de Coordinación Pedagógica, Tutores, Maestros especialistas y de apoyo.
- La regularidad y calidad de la relación con los padres, madres o tutores-as legales.

Además, se evaluarán otros aspectos, como:

- Adecuación de los objetivos a las características del alumnado.

- Distribución equilibrada y adecuada de los contenidos por ciclos.
- Efectividad de la metodología y recursos utilizados.
- Validez de los criterios de evaluación.
- Adecuación de las medidas adoptadas para la atención a la diversidad.

En el Fútbol Formativo, el Área de Formación Deportiva, encabezada por el Director Técnico y los Coordinadores de Etapas, se encargará de planificar el proyecto educativo y de su posterior evaluación para poder orientar posibles modificaciones que beneficien el proceso de formación de los jóvenes futbolistas.

Capítulo 9

DESARROLLO SOCIAL Y EDUCACIÓN EN VALORES EN EL JOVEN FUTBOLISTA

9.1. DESARROLLO SOCIAL

9.1.1. INTRODUCCIÓN

Los Doctores Quintero Lumbreras y Quintero Gutiérrez del Álamo (2009), especialistas en psiquiatría y psicología, definen el concepto socialización de la forma siguiente:

- Socialización: Es el proceso por el cual cada ser humano se convierte en un miembro activo y de pleno derecho de la sociedad de la que forma parte.

- Es un proceso que no termina a una edad concreta, aunque principalmente se da durante la infancia, pero ese aprendizaje va cambiando y evolucionando mediante el desarrollo de la persona.

- Para que sea un buen proceso, no solo tiene que estar con otros niños o personas sino se debe dar una interacción (con las personas significativas) positiva y construir presencias de calidad.

El niño depende de su grupo social y de sus pautas o costumbres inculcadas desde el nacimiento para ir adquiriendo unas correctas habilidades sociales que le permitan tener resultados satisfactorios. Por eso insistimos es fundamental el papel de la familia y de la escuela como socializadores, ya que el aprendizaje de las habilidades sociales se adquiere mediante información, pero también a través de la observación e imitación de lo que se ve y se oye.

Así mismo, es necesario tener en cuenta la interrelación que existe entre la socialización y otros procesos evolutivos como el desarrollo afectivo y la competencia cognitiva.

9.1.2. CONOCIMIENTO SOCIAL DEL NIÑO

Gallardo Vázquez, Pedro y Gallardo López, José Alberto (2009- pp 25-26), analizan el desarrollo emocional, social y moral del niño en la etapa de

Educación Primaria. A continuación se incluye un resumen de lo que expresan estos Autores sobre el conocimiento social del niño:

La socialización es un proceso mediante el cual la persona adopta los elementos socioculturales de su medio ambiente, los integra a la estructura de su personalidad, bajo la influencia de experiencias y de agentes sociales significativos, y se adapta así al entorno social donde debe vivir. En otras palabras, socializar es el proceso a través del cual el niño aprende a interiorizar los conocimientos, normas, valores, actitudes, etc., para participar de forma adecuada en la vida social y adaptarse a las formas de comportamiento de la sociedad. En este proceso se dan tres momentos fundamentales:

- Adquisición de la cultura vigente en la sociedad (conocimiento de valores y normas legitimadas).

- Integración de esos valores y normas en la estructura de la personalidad, lo que supone que la persona configura su comportamiento y aspiraciones en función de lo que la sociedad considera como aceptable, inaceptable, justo, injusto, bueno, malo, legítimo, ilegítimo, etc.

- Adaptación al entorno social en el que debe vivir, lo que implica una "conformidad" con las normas de comportamiento legitimadas por la sociedad. Adaptación no significa necesariamente conformidad, ya que puede significar también el deseo de introducir cambios en las normas, valores y formas culturales prevalecientes en los grupos sociales de la sociedad en la que viven, con objeto de mejorarla.

En este proceso es posible diferenciar tres aspectos en el desarrollo psicológico del sujeto: procesos mentales, procesos afectivos y conductuales. El desarrollo socioafectivo suele confundirse a veces con el proceso de socialización. Sin embargo, hemos de señalar que la socialización es un proceso complejo que engloba de modo interactivo múltiples procesos y variables. Veamos, a continuación, algunas características de los procesos de socialización.

Los *procesos mentales de socialización* tienen que ver con la adquisición de los conocimientos necesarios para la vida en el propio grupo social: normas, valores, costumbres, instituciones, lenguaje... Estos conocimientos permiten a la persona participar en la estructura social de los grupos y ser miembros activos de la sociedad. Básicamente, son de dos tipos: referidos a personas (reconocimiento, identidad, roles, relaciones, etc.) y referidos a la sociedad (conocimiento de las normas y valores que rigen el funcionamiento de organismos e instituciones tales como familias, colegios, sindicatos, partidos políticos, parlamento, etc.).

Los *procesos afectivos de socialización* hacen referencia al establecimiento de vínculos afectivos con las personas que forman parte de la vida de los niños (los padres, los hermanos, los amigos, los compañeros de clase, los profesores, etc.). Estos vínculos son necesarios para el desarrollo de conductas prosociales, tales como: la solidaridad, la reciprocidad, la tolerancia, el bienestar común, la tolerancia, la cooperación, la ayuda, etc.

Los procesos afectivos (como la empatía, el apego o la amistad) mediatizan todo el proceso de socialización de los sujetos.

Los *procesos conductuales de socialización* están relacionados con la adquisición de comportamientos socialmente deseables en el contexto sociocultural en el que el sujeto se desarrolla, así como en la evitación de las conductas consideradas antisociales, en las que no se respetan los derechos de los demás ni las normas sociales. Estos procesos favorecen la adquisición y desarrollo de hábitos sociales positivos (ser solidarios. comprender a los demás y cooperar con ellos, etc.), habilidades sociales positivas (llevarse bien con otros, preocuparse por los demás, ponerse en el punto de vista del otro, etc.) y conductas prosociales (ayudar, cooperar, compartir, etc.).

Aunque son varios los ámbitos que componen el conocimiento social en la etapa de 6 a 12 años (conocimiento de sí mismo, de los otros, de los grupos, las instituciones, etc.), a nuestro entender, quizás lo más relevante de esta etapa sea como el niño llega a comprender a los demás y su conocimiento de las relaciones interpersonales, aspectos que condicionan seriamente su conducta social.

9.1.3. LA SOCIALIZACIÓN DEL JOVEN FUTBOLISTA

En el Fútbol Formativo se proyectará un desarrollo social, una socialización del joven futbolista, que favorezca su formación como hombre, al mismo tiempo que su formación deportiva.

La capacidad captadora del fútbol para los jóvenes, el interés participativo que despierta en ellos, ofrecen una posibilidad formativa y socializadora, que puede ser orientada de forma positiva.

Las organizaciones deportivas, los Clubs, podrían compartir, en su justa medida, con la familia y con los Organismos educativos, la responsabilidad sobre esa formación y socialización.

9.2. EDUCACIÓN EN VALORES A TRAVÉS DEL DEPORTE :

De la obra "Educación en valores a través del deporte", de los Autores Sánchez Pato, Bada Jaime, Mosquera González y Cebrián Sánchez (2008), incluimos a continuación en los apartados 29.2.1 a 29.2.4, un resumen abreviado y adaptado de lo que exponen sobre el deporte y la educación en valores y de sus objetivos y contenidos:

9.2.1. EL DEPORTE Y LA EDUCACIÓN EN VALORES

Inherente al concepto de educación, se encuentra la promoción y transmisión de valores; la educación es un proceso permanente que, en esencia, no ha variado en sus objetivos desde tiempos pasados, si bien se han perfeccionado los métodos y han mudado los valores trasmitidos.

La actividad física y el deporte, por sí solos, no garantizan una transmisión de valores positivos; de hecho, autores como Huxley (1969), nos advierten que es el uso que hagamos del deporte lo que determinará los resultados, de ahí la responsabilidad que, para Gutiérrez Sanmartín (1995), tienen los profesores de Educación Física y Entrenadores sobre sus alumnos y deportistas, en base a la vivencia de la victoria y de la derrota.

En este sentido, Bredemeier, Shields y Romance (1986) entienden que la simple práctica de un deporte no garantiza la transmisión de unos valores sociales y personales deseables, sino que requiere una disposición y previsión por parte del educador a la hora de utilizar este recurso para tal fin. (pp. 11 y 12)

9.2.2. EDUCACIÓN EN VALORES Y EDUCACIÓN PARA LA NO VIOLENCIA :

La Educación para la no violencia debe entenderse como sinónimo de Educación para la Paz; los conceptos de conflicto, violencia, desarrollo y derechos humanos en los que está sustentada se pueden extrapolar a la Educación para la no violencia. (p-16)

9.2.3. OBJETIVOS

Dependiendo de las metas que nos propongamos, trabajaremos pretendiendo alcanzar con los jóvenes jugadores, en la medida de lo posible, algunos de los siguientes objetivos:

1. Generales:

- Realizar actividades lúdico-deportivas encaminadas a la formación en valores de los jóvenes deportistas.
- Desenvolver actitudes favorables al trabajo en equipo y a la responsabilidad individual y colectiva mediante planes conjuntos.
- Determinar la importancia que tienen las normas de convivencia en los distintos grupos, y las consecuencias negativas de no respetarlas, o de aquellas que sean injustas.

- Mostrar a los jóvenes la cooperación como forma de trabajo, incidiendo en la participación y la comunicación, fomentando la creatividad y la curiosidad.
- Etc.

2. Específicos:

Relacionados con la resolución de conflictos:

- Madurar en la resolución de conflictos en las distintas situaciones, sean dentro de las actividades deportivas o no.

Relacionados con las habilidades sociales y de comunicación:

- Conocer las habilidades necesarias para la convivencia en general y en las actividades deportivas : cooperación, habilidades comunicativas, etc.

Relacionados con la conducta violenta:

- Actuar con un comportamiento positivo, en cualquier situación de violencia, concienciando a los jóvenes de que ellos pueden modificar dichas situaciones.

9.2.4. CONTENIDOS

En correspondencia con los objetivos que pretendamos alcanzar, fijaremos los contenidos adecuados en cada una de las tres esferas:

1. Conceptuales: el alumno debe conocer los siguientes conceptos y establecer diferencias entre ellos: Autoconfianza, autoestima, identidad, de confianza, de presentación, de comunicación, de desinhibición, de diferenciación y agrupamiento, de resolución de conflictos, etc.

2. Procedimentales: que el alumno sea capaz de realizar con aprovechamiento las actividades y juegos de desarrollo de los conceptos anteriores.

3. Actitudinales: que los alumnos manifiesten actitudes de respeto, cooperación, juego limpio, saber ganar y perder, etc. (pp-37 y 39).

9.2.5. MODELOS PARA EL DESARROLLO DE VALORES

Martos, Pilar y Castillo, Joaquina (2009: 203-205), analizan los fundamentos sociológicos del deporte en su dimensión social y educativa y cuando tratan los modelos para el desarrollo de valores, apoyan el modelo ecológico de Melchor Gutiérrez:

> *"Nosotros apoyamos el modelo ecológico propuesto por Gutiérrez, en el que se contemplan todos los estamentos susceptibles de*

ejercer algún tipo de influencia sobre la formación del esquema de valores de cada persona. Este proceso debe realizarse a través de una intervención social general, en la que se tengan en cuenta los valores de la persona como individuo y del entorno en el que se desarrolla, los valores de la política educativa general, los valores de la política deportiva y los valores que transmiten los medios de comunicación social, aplicando un tratamiento interdisciplinario en el que, además de considerar cada uno de los sectores individualmente, se mantengan suficientes lazos de unión entre ellos como para que el conjunto aporte un resultado muy superior a la suma de las partes. En este modelo no se le pide a nadie que asuma completamente la responsabilidad del proceso de todo el modelo, sino que cada uno, en función del rol que le corresponde, asuma su papel, que los demás ya harán el resto; los padres desde su papel de padres y educadores; los deportistas, aportando un estándar de comportamiento humanitario y coherente con el respeto a las personas; los organizadores del deporte, teniendo en cuenta, que además del éxito deportivo, los deportistas también son personas, y los profesores y entrenadores, asumiendo el compromiso de su función, la educación ya sea deportiva o general, no inhibiéndose sino teniendo presente siempre el repertorio de valores de una sociedad pluralista, de respeto y orientada hacia la igualdad.

Este modelo ecológico exige por tanto, la participación de todos los sectores implicados o que puedan influir, de una u otra manera, en el problema concreto. Como conclusión de este modelo para el desarrollo de valores sociales y personales en la Actividad Física y el Deporte, hay que dejar clara la necesidad de que todas las intervenciones estén interrelacionadas, conectadas, de manera que el deportista no se vea obligado a sufrir una serie de contradicciones, lo que le perjudicaría notablemente en la configuración de su esquema de valores. O, dicho de otro modo, inútil será el esfuerzo de profesores, padres y entrenadores por enseñar a los jóvenes que la práctica deportiva debe llegar a asumirse como un estilo de vida saludable si, después, los responsables de la política deportiva y organizadores del deporte no proporcionan los medios necesarios, traducidos en instalaciones y programas, para que todos puedan llevar a cabo un desarrollo físico-deportivo independientemente del nivel de ejecución que alcancen. Pero, a la inversa; de nada servirá que las autoridades educativas y organizaciones deportivas ofrezcan medios económicos, instalaciones y materiales, si no hay unos motores impulsores que animen y movilicen a la gente, tanto a los más jóvenes como a los mayores, a sacarle rentabilidad a esos medios que se han puesto a su alcance (Gutiérrez, 1995)."

Modelo ecológico para el desarrollo de valores.
Fuente: Gutiérrez Sanmartín, M. (2004), citado por Martos, Pilar y Castillo, Joaquina (2009)

BIBLIOGRAFÍA

- Adriaansen, Jacobo, traducción Blázquez M. El modelo futbolístico holandés: los programas educativos del Ajax de Amsterdam. En Contreras, Onofre R. y Sánchez García, Luis J., *La detección temprana de talentos deportivos*. Cuenca. Ediciones de la Universidad Castilla–La Mancha. 1998.

- Álvarez del Villar, Carlos (1983). *La Preparación física del Fútbol basada en el Atletismo*. Madrid. Editorial CAV. 1ª Edición

- Antón, Juán L. y López, Jesús. Capítulo n.º 2 La formación y aprendizaje de la técnica y la táctica, de la obra *Entrenamiento Deportivo en la Edad Escolar*, coordinada por Antón, Juan L. - Unisport Andalucía - Málaga, 1989.

- Arévalo Baeza, Marta (2006). *Las fundaciones deportivas españolas* – Tesis doctoral, dirigida por Pradillo Pastor, José Luis. Universidad de Alcalá de Henares- Departamento de Didáctica- Tomado el 15-1-2010 de e-bu@h.

- Arufe Giráldez, Víctor y Domínguez Iglesias, Aída (en Arufe, Martínez Patiño y García Soidán-2009). Cap.1. La educación motriz: bases y principios (en Entrenamiento en niños y jóvenes deportistas). Sevilla. Wanceulen Editorial Deportiva. 2009.

- Arufe Giráldez, García Soidán y Barcala Furelos (en Arufe Giráldez, Martínez Patiño y García Soidán-2009). Epidemiología de las lesiones deportivas: Bases para la prevención en niños y jóvenes (en Entrenamiento en niños y jóvenes deportistas). Wanceulen Editorial Deportiva.

- Balaguer, Isabel y Pastor, Yolanda (en Hernández Mendo, Antonio 2005). *"Actividad física y estilos de vida" (en Psicología del deporte-Vol.III: Aplicaciones)*. Sevilla. Wanceulen Editorial Deportiva.

- Batalla Flores, Albert (en Blázquez, Domingo 1995). El rendimiento en la iniciación deportiva, en *La Iniciación deportiva y el deporte escolar*). Barcelona. Inde Publicaciones.

- Becker, Benno Jr. (En Guillén, Félix y Bara, Mauricio-2007).Cap 10-Entrenamiento psicológico para jóvenes deportistas, en *Psicología del entrenador deportivo*. Sevilla. Wanceulen Editorial Deportiva.

- Bernal Ruiz, Javier Alberto (2002). *Juegos y actividades de equilibrio*. Sevilla. Wanceulen Editorial Deportiva.

- Bernal Ruiz, Javier, Wanceulen Moreno, Antonio y Wanceulen Moreno, José F. «Organización y desarrollo de un campus de fútbol base». *Fútbol: Cuadernos Técnicos n.º 34*. Wanceulen Editorial Deportiva. Sevilla, 2007.

- Blázquez, Domingo.- «Métodos de Enseñanza de la Práctica Deportiva», Parte V de la obra «La iniciación deportiva y el Deporte en la Edad Escolar», dirigida por Blázquez, Domingo. Inde Publicaciones. Barcelona 1995.

- Bompa, Tudor (1987). *La selección de atletas con talento*. Barcelona. Ideasport. Revista Entrenamiento Deportivo -. Volumen I – Nº 2 - pp 47-48.

- Boné Pueyo, Alfredo (1994). *La flexibilidad como capacidad física básica* Tema 26 en Temario de Oposición E.S.O. Zaragoza. CEPID.

- Bortoli, Robelius de y Bortoli, Ángela L.de (en Guillén, Félix y Bara, Mauricio-2007) Cap-13 – Entrenamiento cognitivo en los deportes básicos (en Psicología del entrenador deportivo). Sevilla. Wanceulen Editorial Deportiva

- Cañizares Márquez, José María (1997). *Fútbol: fichas para el entrenamiento de la velocidad y la agilidad*. Sevilla. Wanceulen Editorial Deportiva.

- Cañizares Márquez, José María (2000). *Fútbol: fichas para el entrenamiento de la coordinación y el equilibrio*. Sevilla. Wanceulen Editorial Deportiva.

- Cañizares Márquez, José María y Carbonero Celis, Carmen (2009). Temario de Oposiciones de Educación Física. Primaria.Sevilla. Wanceulen Editorial Deportiva.

- Coca, Santiago (1985). *Hombres para el fútbol*. Madrid. Editorial Gymnos.

- Chamorro, Manuel (en Marcos Becerro, J.F., 1992) *Métodos para la selección del niño en el deporte de alta competición* (en Medicina del Deporte. Guía práctica). Cádiz. Edita: Comité Olímpico Español.

- Conde Caaveda, José (en Mora Vicente, Jesús 1995). *"Las capacidades coordinativas"* (en Teoría del entrenamiento y del acondicionamiento físico). Cádiz. COPLEF Andalucía.

- Contreras Jordán, Onofre R. (en Contreras, Onofre R. y Sánchez García Luis J. 1998). Mesa Redonda: *"Hacia el establecimiento de un protocolo en el ámbito cognitivo para la detección de deportistas superdotados"*. (En La detección temprana de talentos deportivos). Cuenca. Ediciones Universidad de Castilla-La Mancha.

- De la Torre Navarro, Eduardo (en Contreras Onofre R. y Sánchez García, Luis J. 1998). *"Valoración de los aspectos cognitivos del joven deportista"*. (En La detección temprana de Talentos deportivos). Cuenca. Ediciones Universidad de Castilla-La Mancha.

- De León Arpón, Miguel (2005). *Planificación de la Preparación Física en el Fútbol Base. -Una perspectiva integral-*. Sevilla, Wanceulen Editorial Deportiva

- Del Pino Viñuela, José Emilio (1995). *Fútbol Cuadernos Técnicos* números 1, 2 y 3. Sevilla, Wanceulen Editorial Deportiva.

- Delgado, Miguel Ángel. «Los estilos de enseñanza en la Educación Física. Propuesta para una reforma de la Enseñanza». I.C.E. de la Universidad de Granada. Granada, 1991.

- Díaz Trillo, Sáenz-López y Tierra Orta(1995) *Iniciación deportiva en Primaria: Actividades Físicas organizadas*. Wanceulen Editorial Deportiva, S.L. Sevilla.

- Durand, Marc (1988). *El niño y el deporte*. Barcelona. Paidós.

- Expósito Bautista, Juan. (2010) *Escuelas de Fútbol. Planificación y Programación*. Wanceulen Editorial Deportiva, S.L. Sevilla.

- Expósito Bautista, Juan. (2010) *Educación Física en Primaria: la Programación Docente en la LOE*. Wanceulen Editorial Deportiva, S.L. Sevilla.

- Expósito Bautista, Juan. (2010) *Educación Física en la ESO: la Programación Docente en la LOE*. Wanceulen Editorial Deportiva, S.L. Sevilla.

- Forteza de la Rosa, Armando y Ramirez Farto, Emerson (2005). *Teoría, Metodología y Planificación del Entrenamiento Deportivo. De lo ortodoxo a lo contemporáneo*. Sevilla. Wanceulen Editorial Deportiva.

- Gallardo Vázquez, Pedro y Gallardo López, José Alberto (2009). La inteligencia emocional y la educación emocional en el contexto educativo. Sevilla. Wanceulen Editorial Deportiva.

- García Herrero, Juan Antonio (2006). Liderar y entrenar a un equipo de balonmano. De la dirección del grupo al diseño de la planificación técnico-táctica- Sevilla. Wanceulen Editorial Deportiva.

- Gil Madrona, Pedro (2004) Evauación de la Educación física en Educación Infantil. Sevilla. Wanceulen Editorial Deportiva.

- Gil Morales, Pablo A. (2007). *Metodología didáctica de las actividades físicas y deportivas. Manual para la enseñanza y animación deportiva*. Sevilla, Wanceulen Editorial Deportiva.

- Giménez Fuentes-Guerra, F.J. (2006). *Fundamentos básicos de la iniciación deportiva en la escuela*. Sevilla, Wanceulen Editorial Deportiva.

- Giménez Fuentes-Guerra, Francisco Javier y Sáenz –López Buñuel, Pedro. Aspectos teóricos y prácticos de la iniciación al baloncesto. Sevilla. Wanceulen Editorial Deportiva.

González Badillo, Juan José y Gorostiaga Ayestarán, Esteban (2002). *Fundamentos del entrenamiento de la fuerza: aplicación al alto rendimiento deportivo*. Barcelona. Inde Publicaciones

- Grosser, Manfred (1992). *Entrenamiento de la velocidad. Fundamentos, métodos y programas.*Barcelona. Ediciones Martínez Roca.

- Guillén, Félix y Bara, Mauricio (2007). Cap- 1 – Entrenadores eficaces (en Psicología del entrenador deportivo. Sevilla. Wanceulen Editorial Deportiva.

- Gutiérrez Sainz, Ángel (en Mora Vicente, Jesús 1995). *"Entrenamiento con niños"* (en Teoría del entrenamiento y del acondicionamiento físico). Cádiz. COPLEF Andalucía.

- Hidalgo Díez, Eugenio (en Torres Martín, César – 2006). Cap- 5 – Dirección de equipo (en La formación del educador deportivo en baloncesto- Nivel II) . Sevilla. Wanceulen Editorial Deportiva.

- Ibáñez Godoy, Sergio José (en Jiménez Sánchez, Ana c. y Ortega Vila, Gema).El papel del entrenador de baloncesto en los procesos de iniciación (en Baloncesto en la iniciación) .Congreso Real Madrid 2007. Wanceulen Editorial Deportiva. Sevilla

- Ibáñez Godoy, Sergio José «El proceso de formación técnico-táctica en la iniciación deportiva», Bloque IV-Área deportiva, en la obra «Formación y Actualización del profesorado de E. F. y del Entrenador deportivo, dirigida por Delgado Noguera, Miguel Ángel. Wanceulen Editorial deportiva, S.L. Sevilla, 1997.

- Knapp, Bárbara. «La habilidad en el deporte». Editorial Miñón. Valladolid 1981.

- Lago Peñas, Carlos (2003). *La enseñanza del fútbol en la edad escolar*. Sevilla. Wanceulen Editorial Deportiva.

- Latorre Román, Pedro Ángel (1998). *Aspectos hereditarios y adquiridos: la entrenabilidad*. Revista Fútbol Cuadernos Técnicos nº 11- Octubre 1998. Páginas 54 y 55. Sevilla. Wanceulen Editorial Deportiva.

- León Arpón, M. de (2005). *Planificación de la preparación física en el fútbol base.* Sevilla, Wanceulen Editorial Deportiva.

- Ley Orgánica de la Educación (2006). BOE de 4-5-2006- Página 17166- Cap.III- Currículo-Artículo 6.1.

- Lizaur, Martín y Radial (en Antón Juan L. 1989). *La formación y desarrollo de las cualidades físicas* (en El entrenamiento deportivo en la edad escolar. Bases de aplicación). Málaga. JUNTA DE ANDALUCÍA- Universidad Internacional Deportiva de Andalucía.

- López Bedoya, Jesús (en Blázquez, Domingo 1995). *"Entrenamiento temprano y captación de talentos en el deporte"*. (En La iniciación deportiva y el deporte escolar). Barcelona. Inde Publicaciones.

- Lozano Maldonado, Miguel Ángel (2007). *El talento deportivo. Propuesta de programa de detección de talentos deportivos en fútbol.* Sevilla, Wanceulen Editorial Deportiva.

- Manno, Renato (1999). *El entrenamiento de la fuerza. Bases teóricas y prácticas.* Barcelona. Inde Publicaciones.

- Manno, Renato (1991). *Fundamentos del entrenamiento deportivo.* Barcelona. Paidotribo

- Martos, Pilar y Castillo, Joaquina (en Torres, César e Iniesta, Jesús Alfredo-2.009), Fundamentos sociológicos del deporte. Dimensión social y educativa (en La formación del educador deportivo de Balonmano- Nivel I). Sevilla, Wanceulen Editorial Deportiva.

- Mestre Sancho, José A. (2010) Gestión en el deporte. Sevilla, Wanceulen Editorial Deportiva.

- Mestre Sancho, José A. (2010) Gestión de Instalaciones Deportivas. Sevilla, Wanceulen Editorial Deportiva.

- Muniesa Ferrero Alfonso y Aguas García, Esmeralda (1994). *"La agilidad como capacidad resultante"* Tema 28 en Temario Oposición E.S.O. Zaragoza. Cepid.

- Mora Vicente, Jesús (1995). *"Las capacidades físicas y su ejercitación: Estudio de la flexibilidad"* (en Teoría del entrenamiento y del acondicionamiento físico). Cádiz. COPLEF Andalucía.

- Moreno Rodríguez, Juan Antonio (2005). *"Estrategias de captación y formación de talentos deportivos en el ámbito del balonmano nacional. El argumento de un sistema operativo."* Comunicación Técnica nº 235. Mayo 2005. Madrid. Edita: Real Federación Española de Balonmano.

- Moreno Rodríguez, Juan Antonio (2005). *"Bases metodológicas en el diseño y planificación del entrenamiento en el modelo selectivo-intensivo: la concentración de deportistas en colectivos selectos."* Comunicación Técnica nº 236. Mayo 2005. Madrid. Edita: Real Federación Española de Balonmano.
- Núñez Alonso, Juan Luis y Martín-Albo Lucas, José (2004). *Psicología de la competición*. Sevilla. Wanceulen Editorial Deportiva.
- Paredes Ortiz, Jesús (2003). *Juego, luego soy*. Sevilla. Wanceulen Editorial Deportiva.
- Perea Villena, Pablo (en Torres Martín, César e Hiniesta Molina, Jesús A.-2009). Cap. 14 – Metodología de la enseñanza y del entrenamiento del Balonmano (en La formación del educador deportivo en balonmano – Nivel I) . Sevilla. Wanceulen Editorial Deportiva.
- Pérez Turpin, José Antonio y Suárez Llorca, Concepción (2005). *La competición deportiva con jóvenes*. Sevilla. Wanceulen Editorial Deportiva.
- Peyró Santana, Rafael (en Jiménez Sánchez, Ana C. y Ortega Vila, Gema-2007) . La importancia de los entrenadores en la iniciación al baloncesto (en Baloncesto en la Iniciación). Congreso Real Madrid 2007–Wanceulen Editorial Deportiva. Sevilla.
- Riera, Joan. «Fundamentos del aprendizaje de la técnica y la táctica deportivas». Inde Publicaciones. Barcelona, 1989.
- Rodríguez, María del Mar (en Guillén, Félix y Bara, Mauricio) Cap.7: Valores y actitudes morales en el deporte (en Psicología del entrenador deportivo). Sevilla. Wanceulen Editorial Deportiva.
- Ruiz Pérez, Luis Miguel (en Contreras Jordán, Onofre R. y Sánchez García, Luis J., 1998). *"Valoración de los elementos motores del joven deportista: Mitos y realidades"* (en La Detección temprana de talentos deportivos). Cuenca. Ediciones de la Universidad de Castilla-La Mancha.
- Sánchez de la Torre, David Luis (2005). *Manual del entrenador de fútbol base*. Sevilla. Wanceulen Editorial Deportiva.
- Sánchez Pato. Antonio; Bada Jaime, Juan de Dios Alfonso; Mosquera González, María José y Cebrián Sánchez, Yolanda. (2008). Educación en valores a través del deporte. Sevilla, Wanceulen Editorial Deportiva.
- Sáenz-López Buñuel, Pedro y Cols. (2006). *La formación del jugador de baloncesto de alta competición*. Sevilla, Wanceulen Editorial Deportiva.
- Sáenz-López, Pedro. «La Educación Física y su Didáctica. Manuel para el profesor». Wanceulen Editorial Deportiva, S.L. Sevilla, 1997.
- Sáinz de Baranda, Pilar; Llópis, Luis y Ortega Enrique (2005). *Metodología global para el entrenamiento del portero de fútbol*. Sevilla, Wanceulen Editorial Deportiva.
- Santos, José Antonio y Viciana, Jesús. «Etapas de aprendizaje en integración del Voleibol en la escuela»,Bloque IV - Area deportiva, en la obra «Formación y Actualización del Profesorado de E.F. y del Entrenador deportivo, dirigida por Delgado Noguera, Miguel Ángel. Wanceulen Editorial Deportiva, S.L. Sevilla 1997.

- Serpa, Sidonio (en Guillén, Félix y Bara, Mauricio-2007). Cap. 6 – La motivación y el proceso de entrenamiento (en Psicología del entrenador deportivo). Sevilla. Wanceulen Editorial Deportiva.

- Vallejo Cuellar, Lisímaco (2002). *Desarrollo de la condición física y sus efectos sobre el rendimiento físico y la composición corporal de niños futbolistas.* Tesis doctoral para optar al título de Doctor por la Universidad Autónoma de Barcelona en Investigación para la Intervención Educativa. Director Dr. Justo Arnal Agustín. Universidad Autónoma de Barcelona. Facultad de Ciencias de la Educación. Bellaterra, Cerdanyola del Vallés (Barcelona)

- Wanceulen Ferrer, Antonio «El Fútbol como medio educativo: sus posibilidades en el desarrollo de los valores humanos». Fútbol: Cuadernos Técnicos n.º 13. Wanceulen Editorial Deportiva. Sevilla, 2003.

- Wanceulen Ferrer, Antonio (1982) «Las Escuelas de Fútbol». Madrid, Ed.Esteban Sanz.

- Wanceulen Ferrer, Antonio «Las Escuelas de Fútbol». El Entrenador Español. Ed. Comité Nacional de Entrenadores de Fútbol. Madrid, 1982.

- Wanceulen Ferrer, Antonio «Las Escuelas de Fútbol : Pasado, Presente y Futuro». Fútbol: Cuadernos Técnicos n.º 1. Wanceulen Editorial Deportiva. Sevilla, 2002.

- Wanceulen Ferrer, Antonio y Del Pino Viñuela, Jose Emilio (1997) « Fichas teóricas: funciones específicas por puestos». Fútbol: Cuadernos Técnicos n.º 16. Wanceulen Editorial Deportiva. Sevilla, 2004.

- Wanceulen Ferrer, Antonio; Wanceulen Moreno, Antonio y Wanceulen Moreno, Jose F. (2008) «Bases para el proceso de selección y formación de jóvenes futbolistas para el alto rendimiento ». Sevilla, Wanceulen Editorial Deportiva.

- Wanceulen Ferrer, Antonio; Wanceulen Moreno, Antonio y Wanceulen Moreno, Jose F. «Bases para la detección y selección de talentos para el fútbol de alto rendimiento ». Fútbol: Cuadernos Técnicos n.º 12. Wanceulen Editorial Deportiva. Sevilla, 2003.

- Wanceulen Ferrer, Antonio; Wanceulen Moreno, Antonio y Wanceulen Moreno, Jose F. «El perfil del joven futbolista para el alto rendimiento». Fútbol: Cuadernos Técnicos n.º 36. Wanceulen Editorial Deportiva. Sevilla, 2007.

- Wanceulen Ferrer, Antonio; Wanceulen Moreno, Antonio y Wanceulen Moreno, Jose F. «El proceso de selección y formación del joven futbolista». Fútbol: Cuadernos Técnicos n.º 37 Wanceulen Editorial Deportiva. Sevilla, 2007.

- Wanceulen Ferrer, Antonio; Wanceulen Moreno, Antonio y Wanceulen Moreno, Jose F. «Enseñar a competir. Filosofía del proyecto formativo». Fútbol: Cuadernos Técnicos n.º 36. Wanceulen Editorial Deportiva. Sevilla, 2007.

- Wanceulen Moreno, Antonio. «Estructuración Metodológica de la sesión de entrenamiento en el fútbol base». Fútbol: Cuadernos Técnicos n.º 7. Wanceulen Editorial Deportiva. Sevilla, 2003.

- Wanceulen Ferrer, Antonio; Wanceulen Moreno, Antonio y Wanceulen Moreno, Jose F. «La competición en el joven futbolista : visiones positiva y negativa». Fútbol: Cuadernos Técnicos n.º 39. Wanceulen Editorial Deportiva. Sevilla, 2007.

- Wanceulen Moreno, Antonio. «La determinación de objetivos y la secuenciación de contenidos técnico-tácticos en las distintas etapas formativas en la estructura de cantera de un club de fútbol de élite». Fútbol: Cuadernos Técnicos n.º 18. Wanceulen Editorial Deportiva. Sevilla, 2004.

- Wanceulen Ferrer, Antonio; Wanceulen Moreno, Antonio y Wanceulen Moreno, Jose F. «Los factores socio-ambientales en el proceso de selección y formación de jóvenes futbolistas». Fútbol: Cuadernos Técnicos n.º 38. Wanceulen Editorial Deportiva. Sevilla, 2007.

- Wanceulen Ferrer, Antonio; Wanceulen Moreno, Antonio y Wanceulen Moreno, Jose F. «Metodología global y metodología analítica : su aplicación al proceso de enseñanaza-aprendizaje de la técnica y táctica del fútbol». Fútbol: Cuadernos Técnicos n.º 12. Wanceulen Editorial Deportiva. Sevilla, 2003.

- Wanceulen Moreno, Antonio(1997) «Estructuración Metodológica de la sesión de entrenamiento en el fútbol base». Fútbol: Cuadernos Técnicos n.º 7 Ed. Wanceulen. Sevilla, 1997.

PÁGINAS WEB

- Arregui Egaña, J.A. y Martínez Haro, V. (2001). *Estado actual de las investigaciones sobre la flexibilidad en la adolescencia*. Rev.Int.Med.Cienc. "Act. Fís. Deporte" Nº 2-2001-ISSN: 1577-0354. Tomado el 20-4-2006 de www.cdeporte.rediris.es/revista.

- Ávila Moreno, Francisco M. (1997*). Detección de talentos en balonmano*. Trabajo presentado en el Seminario Europeo. Sevilla. Mayo 1996. Publicado en Revista Digital Lecturas: Educación Física y Deportes. Año 2. Nº 6. Buenos Aires. Agosto 1997. Tomado el 25-4-2006

- Berral de la Rosa, Francisco José y Berral de la Rosa, Carlos Javier (2005). *Somatotipo de los atletas*. Tomado el 10-4-2005, de www.ono.com/nutridepor.

- Cedeño, Geraldin (2003). *Aproximación a la antropología del deporte*. Tomado el 6-10-2005. www.rendeportin.com.Venezuela.

- Consejo Superior de Deportes (2005). *Cineantropometría*. Tomado el 28-3-2006 de www.csd.mec.es.

- García Alvarez, Victor Dámaso y Salvadores Canedo, Juan R. (2005). *El efecto relativo de la edad en fútbol*. Tomado el 24-4-2006. www.entrenadores.info.

- García Avendaño, Pedro (2004). *Introducción a la kineantropometría*. Tomado el 6-10-2005 de www.rendeportin.com

- Hernández Gómez, Yudith y Zárate Villa, Mahe (2003). *Estudio de la detección y selección de talentos en jóvenes esgrimistas*. Fuente Instituto de Medicina del Deporte. Ciudad de La Habana. Tomado el 12-4-2006. www.inder.co.cu.

- Hernández Mendo, Antonio y Morales Sánchez, Verónica (2000). *La actitud en la práctica deportiva: concepto*. Revista digital. Lecturas: EF y Deportes. Buenos aires. Año 5. Nº 18. Febrero 2000. Tomado el 10-4-2005.

- Iglesias Gallego, Damián (2005). *Conocimiento táctico y toma de decisiones en la formación de jóvenes jugadores de baloncesto*. Tomado el 25-3-2006 de www.cdeporte.rediris.es . Editorial Ciencias del deporte.

- Maggio, Eduardo y Alvarez, Marcela (2005).*Los contenidos del informe psicológico. Parte 3*. Tomado el 20-12-2005. www.geocities.com/ centrotecnica. Centro de Formación en Técnicas de Evaluación Psicológica.

- Martínez Zarandona, Irene (2005). *Inteligencias múltiples*. Tomado el 12-4-2006. www.sepiensa.org

- Palau, Xavier (2005). *Entrenabilidad de la resistencia en edades tempranas*. www.efdeportes.com. Revista digital. Buenos Aires. Año 10. Nº 88. Septiembre 2005. Tomado el 23-2-2006.

- Rodríguez, B. Armando (2003). *Composición corporal y deporte*. Tomado el 6-10-2005. www.rendeportin.com. Venezuela.

- Ávila Moreno, Francisco M. (1997*). Detección de talentos en balonmano*. Trabajo presentado en el Seminario Europeo. Sevilla. Mayo 1996. Publicado en Revista

Digital Lecturas: Educación Física y Deportes. Año 2. Nº 6. Buenos Aires. Agosto 1997. Tomado el 25-4-2006

- Doctor Quintero Lumbreras y Doctor Quintero Gutiérrez del Álamo (2009). Desarrollo social. Tomado de www.doctorquintero.com , el 23-11-09.
- Hernández Gómez, Yudith y Zárate Villa, Mahe (2003). *Estudio de la detección y selección de talentos en jóvenes esgrimistas*. Fuente Instituto de Medicina del Deporte. Ciudad de La Habana. Tomado el 12-4-2006. www.inder.co.cu.
- Águila, Cornelio, y Andújar, Casimiro (2000). Reflexiones acerca del entre-namiento en la infancia y la selección de talentos deportivos. Revista Digital Lecturas: EF y Deportes. Buenos Aires. Año 5. Nº 21. Mayo 2000. Tomado el 23-4-2006
- Bellendier, Jorge (2001). *El biotipo en el voleibol masculino.*. Revista Digital Lecturas EF y Deportes. Buenos Aires. Año 7. Nº 40. Septiembre 2001. Tomado 23-4-2006.
- Galindo Albarrán, Ariel O. *El potencial del rendimiento muscular*. Tomado el 21-9-2005. Página Web de Ariel O. Galindo Albarrán.
- Garrido, Raúl Pablo; González, Marta; García, Manuel y Expósito, Isabel (2005). *Correlación entre los componentes del somatotipo y la composición corporal según fórmulas antropométricas*. Revista Digital Lecturas EF y Deportes. Año 5. Nº 84- Mayo 2005-Buenos Aires. Tomado el 9-4-2006
- Montiel, David (2000). *"Apuntes de Técnica"*. Tomado el 9-8-2006 de entrenadores.info, página diseñada por Albert Ruiz.
- Pastor Navarro, Francisco Javier (2004). *Errores conceptuales frecuentes, con respecto al entrenamiento de la fuerza y sus relaciones con la velocidad en el ámbito de fútbol de alto rendimiento*. Revista Digital. Año 10. Nº 70. Buenos Aires. Marzo 2004. Tomado 23-4-2004
- Sin autor. *Actitud*.. Tomado el 20-12-2005, de www.rincondelvago.com.
- Toro Salinas, Andrés H. (2001). *Análisis fisiológico del esfuerzo físico según el puesto del jugador*. Tomado el 9-4-2006. Web Publice Standard
- Editorial Espasa Calpe. Diccionario de la Lengua Española, 2005- www.wordreference.com. Tomado el 27-9-2010
- Armas, Ronald, et al (2006). Planificación.www.monografias.com. Tomado el 27-9-2010.
- Evoli, Jeftee. Planeación estratégica. www.monografias.com. Tomado el 27-9-2010
- Organización. www.wikipedia.com. Tomado el 26-9-2010
- Thompson, Iván (2007). Concepto de organización. www.promonegocioS.net. Tomado el 24-9-2010
- Palomeras, Joan (2008). Coaching para la planificación estratégica.www.manuelgross.bligoo.com. Tomado el 27-9-2010
- Ramírez Morales, Flor María .Programas. www.elprisma.com. Tomado el 29-9-2010
- Ramírez Morales, Flor María. Presupuestos. www.elprisma.com. Tomado el 29-9-2010

- Thompson, J. Mónica. Proyecto. www.promonegocios.net. Tomado el 29-9-2010
- Vecino, José Manuel. Nueva metodología organizacional (DICE). www.elempleo.com. Tomado el 26-9-2010

www.ingramcontent.com/pod-product-compliance
Lightning Source LLC
Chambersburg PA
CBHW080451170426
43196CB00016B/2765